DIREITO HOMOGÊNEO

Mercado Global, Administração Nacional
e o Processo de Harmonização Jurídica

Rogério Emilio de Andrade

Prefácios
Ari Marcelo Solon
Ricardo Antônio Lucas Camargo

DIREITO HOMOGÊNEO

Mercado Global, Administração Nacional
e o Processo de Harmonização Jurídica

Belo Horizonte

2011

© 2011 Editora Fórum Ltda.

É proibida a reprodução total ou parcial desta obra, por qualquer meio eletrônico, inclusive por processos xerográficos, sem autorização expressa do Editor.

Conselho Editorial

Adilson Abreu Dallari
André Ramos Tavares
Carlos Ayres Britto
Carlos Mário da Silva Velloso
Carlos Pinto Coelho Motta
Cármen Lúcia Antunes Rocha
Cesar Augusto Guimarães Pereira
Clovis Beznos
Cristiana Fortini
Dinorá Adelaide Musetti Grotti
Diogo de Figueiredo Moreira Neto
Egon Bockmann Moreira
Emerson Gabardo
Fabrício Motta
Fernando Rossi
Flávio Henrique Unes Pereira

Floriano de Azevedo Marques Neto
Gustavo Justino de Oliveira
Inês Virgínia Prado Soares
Jorge Ulisses Jacoby Fernandes
José Nilo de Castro
Juarez Freitas
Lúcia Valle Figueiredo (*in memoriam*)
Luciano Ferraz
Lúcio Delfino
Márcio Cammarosano
Maria Sylvia Zanella Di Pietro
Ney José de Freitas
Oswaldo Othon de Pontes Saraiva Filho
Paulo Modesto
Romeu Felipe Bacellar Filho
Sérgio Guerra

Luís Cláudio Rodrigues Ferreira
Presidente e Editor

Coordenação editorial: Olga M. A. Sousa
Revisão: Cida Ribeiro
Bibliotecária: Tatiana Augusta Duarte – CRB 2842 – 6ª Região
Projeto gráfico: Walter Santos
Capa e diagramação: Virgínia Loureiro

Av. Afonso Pena, 2770 – 15º/16º andares – Funcionários – CEP 30130-007
Belo Horizonte – Minas Gerais – Tel.: (31) 2121.4900 / 2121.4949
www.editoraforum.com.br – editoraforum@editoraforum.com.br

A553d   Andrade, Rogério Emilio de

       Direito homogêneo: mercado global, administração nacional e o processo de harmonização jurídica / Rogério Emilio de Andrade; prefácios de Ari Marcelo Solon; Ricardo Antônio Lucas Camargo. Belo Horizonte: Fórum, 2011.

       184 p.
       ISBN 978-85-7700-448-5

       1. Filosofia do direito. 2. Direito econômico. 3. Tecnodireito. 4. Tecnoeconomia. I. Solon, Ari Marcelo. II. Camargo, Ricardo Antônio Lucas. III. Título.

CDD: 340.1
CDU: 340.12

Informação bibliográfica deste livro, conforme a NBR 6023:2002 da Associação Brasileira de Normas Técnicas (ABNT):

ANDRADE, Rogério Emilio de. *Direito homogêneo*: mercado global, administração nacional e o processo de harmonização jurídica. Belo Horizonte: Fórum, 2011. 184 p. ISBN 978-85-7700-448-5.

Sumário

Prefácios
Ari Marcelo Solon 7
Ricardo Antônio Lucas Camargo 9

Introdução 13

Capítulo 1
Homogeneização Jurídica e Econômica 19
1.1 Antigenealogia do capital 19
1.2 Iluminismo econômico 25
1.3 Iluminismo jurídico 28
1.4 *Estado Universal e Homogêneo* 30
1.5 *"Pluriversum* político" 36
1.6 Direito homogêneo 42

Capítulo 2
Tecnoeconomia 51
2.1 Tempo econômico 51
2.2 Reflexividade e circularidade da razão 52
2.3 Tecnoeconomia 54
2.4 Erosão do Fordismo 60
2.5 Aninhamento institucional 74

Capítulo 3
Desagregação da Pirâmide 81
3.1 "Coordenação" anárquica 82
3.2 Coordenação hierárquica 87
3.3 Coordenação heterárquica 89
3.4 *Global governance* 95
3.5 Redes de Governo e homogeneização jurídica 97
3.6 Pirâmide jurídica desagregada 101
3.7 Redes de Governo e ambivalência jurídica 109

Capítulo 4
Direito na Era da Reprodutibilidade Técnica 117
4.1 Neutralidade técnica 118
4.2 Tecnodireito 121
4.3 Tecnodireito e homogeneização jurídica 127
4.4 Dicotômica polaridade entre ética e economia 136

Capítulo 5
Soberania sem Aura..141
5.1 Do reverenciamento ao questionamento................................141
5.2 Ainda há espaço para o político?..156
5.3 Soberania e direito homogêneo..166

Considerações Finais...173

Referências 179

Prefácios

A tese de Rogério Emilio, por mim orientada, trata de um problema que começou no século V a.C., quando da China até a Grécia houve o surgimento de um novo direito global, com autonomia do político na Grécia, isolamento técnico do direito em Roma, o surgimento de um conceito de justiça social no Médio Oriente e uma ética revolucionária na Ásia. Rogério mostra o "fim da história", o fenecimento da política e sua substituição pela técnica, a perda da soberania política e o predomínio da economia.

Nesse contexto, os direitos nacionais tendem a uniformizar e harmonizar a regulação dada ao capital: trata-se da homogeneização dos direitos, porquanto, tendo em vista as necessidades decorrentes de uma indefectível interdependência econômica, os Estados nacionais acabam por adotar, com mais ou menos independência e criatividade, as instituições necessárias ao desenvolvimento do capital.

Na argumentação de Rogério Emilio, é isso que torna a vontade planetária homogênea, por meio da artificialidade jurídica que permite ao direito se libertar dos vínculos terrestres e tradições históricas, instituindo, por assim dizer, uma espacialidade própria do direito, a espacialidade jurídica.

Para Rogério Emilio, segundo suas palavras, *deixa-se, assim, o antigo nómos, que vinculava o direito aos lugares, a uma histórica e específica determinação de uma comunidade, para ir-se em direção ao novo nómos, que, estendendo-se às dimensões planetárias da tecnoeconomia, desliga-se dos vínculos tradicionais e assume plenamente o caráter da artificialidade.*

Apesar de os Estados continuarem desenvolvendo um papel importante, não se pode deixar de constatar que sua soberania econômica foi matizada: antes detinham poder absoluto em relação à economia, agora detêm poder relativo. As transformações e arranjos institucionais, que eram congruentes em nível nacional, agora estão dispersos em múltiplos níveis espaciais, pois o desempenho econômico requer que os atores sejam simultaneamente coordenados em todas as áreas espaciais, precisam ser alocados e aninhados em arranjos institucionais conectados a todos os níveis da realidade.

Nesse contexto, Redes de Governo constituem um bom instrumento de política pública tanto para os países desenvolvidos quanto para os países em desenvolvimento que procuram participar do processo regulatório global e precisam reforçar sua capacidade de governança doméstica.

Pode-se dizer que a partir da homogenia dos direitos pretende-se estudar três movimentos distintos e simultâneos que vêm influenciando a produção normativa dos Estados nacionais: a harmonização dos direitos, a uniformização dos direitos e a ambivalência dos direitos.

Nesse quadro, diante do rompimento da noção clássica atual de direito político, a tese aponta para a necessidade de uma nova criatividade jurídica no século XXI. Seríamos capazes de refundar o direito, a política, a economia como foi feito no período axial pela explosão da criatividade humana. Algo da genialidade daquele principia a reflexão de Rogério Emilio, mas será suficiente para reverter o fim da história? Eis o desafio posto pela reflexão filosófica instigada pela obra apresentada.

Ari Marcelo Solon
Professor-Doutor Associado do Departamento de Filosofia e Teoria de Direito da Faculdade de Direito da Universidade de São Paulo.

A obra que tenho a honra de prefaciar faz-me recordar as duas grandes vertentes da música alemã do final do século XIX: por um lado, a busca do aprofundamento das possibilidades da música pura, explorando até a exaustão o cânone estabelecido por Bach e Beethoven, na obra de Johannes Brahms; por outro, a integração da música no projeto de uma obra que chamasse todas as manifestações artísticas simultaneamente, na concepção de Richard Wagner, cujo ponto de partida foi a Nona Sinfonia de Beethoven. Enquanto os admiradores de um e de outro se digladiavam (famosas as brigas entre Eduard Hanslick e Anton Bruckner), ambos se respeitavam, ao que consta, justamente porque cada qual sabia em que consistiria a contribuição a ser ofertada por si. E ambos foram, indubitavelmente, responsáveis pela expansão dos caminhos abertos por Beethoven.

Refiro este dado porque esta obra nasce sob o signo de uma coincidência. Com efeito, na mesma data (14 de junho de 2010), na mesma Faculdade de Direito do Largo São Francisco, duas teses de doutoramento se debruçavam sobre os problemas que a globalização econômica cria para a própria compreensão do que seria o papel do Direito no meio social: uma, defendida pelo Dr. Paulo Peretti Torelly, sob a orientação do Professor Elival da Silva Ramos, volta-se a trabalhar o papel que o constitucionalismo clássico ainda tem a desempenhar neste contexto, ao argumento de que o próprio mercado, para se tornar efetivo, necessita ainda da existência de um poder soberano e, sem este, mesmo os direitos fundamentais, sejam os tipicamente liberais, sejam os advindos dos esforços para evitar a autofagia do próprio capitalismo, não passariam de simples promessas; a outra, defendida pelo Dr. Rogério Emilio de Andrade, orientada pelo Prof. Ari Marcelo Solon, na qual se aponta para o progressivo desalojar do político pelo técnico, para a crescente fragilização dos Estados enquanto titulares do poder soberano, e indica a necessidade da formulação de uma nova teoria do Direito, em que, ao invés de se trabalhar com a ideia de coação — que pressuporia a heterogeneidade dos espaços jurídicos, ainda presente —, vêm a se estabelecer as relações em termos de coordenação, mais próxima, até mesmo, da ideia de governance, que tem sido muito frequente na literatura da ciência da administração, e, por outro lado, identificar o espaço do político, até mesmo para que se possa ter quem decida no estado de exceção, ante os problemas que as forças econômicas desenfreadas necessariamente desencadeiam, dado que a própria escassez dos bens torna o potencial conflito de interesses dentre os que sejam agraciados e os que sejam excluídos dos proveitos uma consequência da globalização que não se tem, justamente pela fragilização do aparelho coativo, como responder unicamente mediante a repressão e, de outra parte, que a busca da homogeneização não se dê governada pela subserviência ao interesse privado dos agentes econômicos, mas pelo estabelecimento de um consenso entre noções de justiça. Ambas as teses, como se vê, estão preocupadas com a compreensão da economia — e especialmente a globalizada — nos quadrantes de um Estado de Direito (com todas as suas variantes, recordando a didática exposição do Prof. Goffredo Telles Júnior, lida no átrio da Faculdade de Direito do Largo São Francisco, em 1977).

Pode-se ver, claramente, que a obra que ora prefacio é a que se mostra mais audaciosa dentre ambas: a área de concentração — Filosofia e Teoria do Direito —, por sinal, é a que mais permite tais voos. Toma o iluminismo — base do pensamento jurídico ocidental — como sistema de pensamento insuficiente para a compreensão de tais fenômenos, e procura trabalhar as respostas que se deram a partir de Nietzsche, Schumpeter, Kojève, Agamben, enfrentando o estado de exceção na economia como um dado inexorável. Para o estudioso do Direito Econômico — cujo interesse nesta obra é evidente, considerando que o objeto deste ramo do Direito é a regulamentação das medidas de política econômica, consoante salientado por Washington Peluso Albino de Souza, Eros Roberto Grau, Fábio Konder Comparato, Werter Faria, Gilberto Bercovici, Giovani Clark e tantos outros que fizeram com que o Brasil trouxesse a ele um sólido arcabouço teórico —, olhos postos no direito positivo, como dito, a premissa se apresenta como perturbadora, porque a busca da constante adequação entre a solução jurídica definida em abstrato e o problema concreto terá como limite a concepção plasmada no próprio ordenamento jurídico vigente. Mas nem por isto se há de sustentar que a última palavra está dada. Os desafios de uma possível homogeneização jurídica estão expostos aqui de maneira clara, objetiva e — volto a dizer — perturbadora. Nestes tempos em que se pretende que o técnico deva substituir o político, porque a solução imaginada por este se marcaria pelo vício de origem do caráter eleitoreiro, demagógico e outros que tais, em que se esquece que um — o político — deve, bem ou mal, contas de seus atos perante os súditos, ao passo que o técnico somente se responsabiliza pela observância dos procedimentos estabelecidos pelos *experts* de sua área de conhecimento, a tese vem a afirmar o contrário, a necessidade de se recuperar o espaço do político, justamente para que o poder não se converta em mero arbítrio legitimado pela técnica: dizê-la oportuna passa a ser até mesmo acaciano.

Ricardo Antônio Lucas Camargo
Doutor em Direito Econômico pela Universidade Federal de Minas Gerais. Membro do Instituto Brasileiro de Advocacia Pública – IBAP/RS.
Professor da UFRS.

Introdução

Os pensadores iluministas empreenderam esforços intelectuais para desenvolverem uma ciência objetiva, a moralidade, as leis universais e a arte autônoma nos termos da própria lógica interna destas, fundados na crença que prometia libertar o homem da escassez, da necessidade, da arbitrariedade das calamidades naturais, das irracionalidades do mito, da religião, da superstição e do uso arbitrário do poder. Assim, o pensamento iluminista abraçou a ideia de progresso e buscou a ruptura com a história e a tradição, por meio da desmistificação e dessacralização do conhecimento e pela organização social com escopo de libertar os seres humanos de seus grilhões.

Tal atitude racional e calculista provocou a homogeneização da esfera econômica e seu consequente domínio técnico sobre o político, uma vez que é necessário preparar os ambientes para a reprodução e acumulação do capital, transformando tanto os indivíduos, quanto comunidades inteiras em instrumentos do crescimento econômico.

Esses ambientes construídos fomentam, por sua vez, o *direito homogêneo*, isto é, a harmonização e uniformização global do direito, as quais se constituem antes pelas necessidades colocadas pela técnica e pela economia — *tecnoeconomia* — do que pelo consenso em torno de uma concepção global de justiça ou pela construção de uma unidade política global.

O livro se desenvolve e explicita, pois, o processo que fomenta o *direito homogêneo*.

Nesse propósito, explora-se o conceito de *Estado Universal e Homogêneo*, na forma tal qual interpretado e sugerido por Alexandre Kojève a partir de suas investigações sobre Hegel.

Com o mesmo propósito, exploram-se as transformações dos arranjos institucionais que levaram do *Fordismo* ao *Pós-Fordismo* e ao aparecimento do que se denomina por tecnoeconomia. O processo de integração internacional dos mercados tem sido impulsionado pela constante inovação tecnológica que se faz possível pelo financiamento do capital financeiro internacional. Estes, juntos, perfazem a tecnoeconomia, que, para sustentar a reprodutibilidade do capital, requer a reprodução jurídica global dos ambientes que os tornem possível, bem como permitam a rápida transformação do capital fictício ou capital financeiro em moeda equivalente geral, que, posteriormente, gera crédito e permite o agrupamento de capital que irá financiar novas inovações dentro do círculo de metamorfose do capital.

Além disso, analisam-se as transformações nos arranjos institucionais, que eram congruentes em nível nacional e agora estão dispersos em múltiplos níveis espaciais, porquanto o desempenho econômico requer que os atores sejam simultaneamente coordenados em todas as áreas espaciais. Em outras palavras, os atores precisam ser alocados/ aninhados em arranjos institucionais que sejam conectados a todos os níveis da realidade.

Tem-se, pois, um mundo onde os elementos básicos da governança — elaboração de regras, implementação de regras, execução de normas e resolução de disputas sob normas — são efetivados por redes de instituições governamentais, nacionais ou supranacionais, responsáveis pelo desempenho dessas funções, em que Redes de Governos são extremamente envolvidas na cooperação, harmonização e implementação de regras que ajudam na governança global. Redes de Governo constituem, portanto, um bom instrumento de política pública tanto para os países desenvolvidos, quanto para os países em desenvolvimento que procuram participar do processo regulatório global e precisam reforçar sua capacidade de governança doméstica.

Desse modo, os direitos nacionais tendem a uniformizar/ harmonizar a regulação dada ao capital: trata-se da *homogeneização dos direitos*, porquanto, tendo em vista as necessidades decorrentes de uma indefectível interdependência econômica, os Estados nacionais acabam por adotar, com mais ou menos independência e criatividade, as instituições necessárias ao desenvolvimento do capital.

O crucial no entendimento do direito homogêneo é que a tecnoeconomia tem pretensões normativas, isto é, pretende, também, determinar o conteúdo do próprio direito. Nesse sentido, as normas jurídicas emanadas do poder político são aceitas ou refutadas segundo sua adequação aos desejos de reprodução sociometabólica do capital.

É isso que torna a vontade planetária homogênea por meio da artificialidade jurídica que permite ao direito se libertar dos vínculos terrestres e tradições históricas, instituindo, por assim dizer, uma espacialidade própria do direito, a espacialidade jurídica. Deixa-se, assim, o antigo *nómos*, que vinculava o direito aos lugares, a uma histórica e específica determinação de uma comunidade, para ir-se em direção ao novo *nómos*, que, se estendendo às dimensões planetárias da tecnoeconomia, desliga-se dos vínculos tradicionais e assume plenamente o caráter da artificialidade.

Pede-se à técnica jurídica que satisfaça as necessidades cambiantes do(s) mercado(s) que produz(em), incessantemente, novos bens e novas operações, reconstituindo a continuidade desconstituída pelos espaços dos Estados nacionais entre direito e economia.

E, nesse contexto de necessidade de escopo de organização econômica do mundo, a globalização conduziu a uma limitação do papel das instituições públicas com relação ao mercado, haja vista a repercussão do poder econômico do capital financeiro transnacional — uma vez que a própria riqueza, elevando-se à pura abstração, por meio das constantes inovações dos produtos financeiros, se desmaterializasse para acompanhar a mão invisível do mercado global — na tomada de decisões de política econômica interna: a estruturação mundial dos mercados (capitais, bens e condutas) somente se torna plausível por meio da institucionalização de direitos — necessários à reprodução do capital — no espaço dos Estados nacionais. Daí a ambivalência, porquanto, apesar de germinados pela *Lex Mercatoria*, requerem sua afirmação no seio do espaço nacional estatal.

Assim, mesmo que os Estados continuem desenvolvendo um papel importante, não se pode deixar de constatar que a soberania econômica foi matizada, porque, se antes detinham um poder absoluto em relação à economia, agora detêm um poder relativo. Agregue-se, ainda, a essa afirmação a constatação de que os confins do Estado e os confins da economia não mais se correspondem: o que dificulta qualquer modulação/coordenação isolada dos mercados por meio dos instrumentos jurídicos tradicionais de intervenção estatal.

Por isso afirma-se que a nova *Lex Mercatoria* tem por função justamente dissolver os particularismos jurídicos locais para constituir, por meio da harmonização e uniformização dos comportamentos econômicos globais, a unidade econômica dos mercados (GALGANO, 2005).

Nesse contexto de pesquisa, quando se procura a autoridade do direito homogêneo, verificar-se-á que, na contemporaneidade, cujo eixo é regido pelo princípio *cujus regio ejus oeconomia* (SCHMITT, 1992), que, com a ampliação do campo de atuação econômica, em função da integração internacional dos mercados, e o avanço veloz da técnica, cuja sinergia forma a tecnoeconomia, e esta, por sua vez, fomenta o tecnodireito, o Estado já não goza de plenitude de decisão no campo econômico e técnico.

A ciência do direito precisa, portanto, lidar com a inovação tecnológica advinda da moderna sociedade globalizada: o direito, em parte, se arrisca a regular essa nova realidade, em parte experimenta a incerteza da estrada nova, preenchida por conflitos sociais e internacionais que fogem ao seu controle. Assim, tanto o direito quanto a ciência que dele se faz experimentam a difícil arte de distinguir o que se pode mudar do que não se deve mudar. Há, pois, um direito turbulento[1] e ambivalente,[2] que se encontra entre a zona da inovação e a da conservação (LOSANO, 2005). É o direito dinâmico, que se move e se agita tão rapidamente quanto a sociedade que ele procura direcionar.[3]

Por conseguinte, deve o jurista, se realmente almeja compreender (GADAMER, 1999) a correta regulação jurídica dos fenômenos sociais de seu tempo, penetrar em todos os aspectos referidos pela norma jurídica: o pesquisador do direito deve procurar compreender a efetiva experiência humana, na qual são partes integrantes as instituições e os ordenamentos jurídicos, nas suas estruturas concretas e no seu ser dinâmico na história.[4] Deve, pois, o jurista, para a correta interpretação do direito, compreender a historicidade e os fundamentos culturais e sociais que forjam os ordenamentos e, a partir daí, buscar a consciência da realidade em todas as dimensões temporais e estruturais.

Aplicando tais pressupostos ao objetivo aqui apresentado, ou seja, ao direito homogêneo, percebe-se que esse somente será plenamente acessível ao se compreendê-lo como tentativa de resolver, tanto quanto possível, os diferentes aspectos dos interesses envolvidos numa regulação equilibrada, ou seja, numa regulação subsistente enquanto levando em conta os diversos atores, interesses, saberes e aspectos envolvidos na formação do direito advindo da integração internacional dos mercados, uma vez que, em linhas gerais, os grandes marcos regulatórios contemporâneos refletem, diretamente ou indiretamente, necessidades de adequação de políticas micro ou macroeconômicas internas (aspecto interno) às necessidades do capital financeiro

---

[1] Greenspan (2007) já cunhou nossa época como sendo a Era da Turbulência.
[2] Caracterizado pela simultaneidade de valores e de fontes.
[3] "We live in a troubled, inequitable world. Perhaps it has always been so. In the face of wickedness and injustice, it is not difficult to descend into vague oversimplification and rhetoric when reflecting unpon the proper nature and function of the law. Analytical clarity and scupulous jurisprudential deliberation on the fundamental nature of law, justice, and the meaning of legal concepts are indispensable. Legal theory has a decisive role to play in defining and defending the values and ideals that sustain our way of life" (WACKS, 2006, p. xvi).
[4] "La critica di diritto positivo oggi non si esercita contrapponendogli un modello ideal-razionale ma interpretandone la storicità, i fondamenti culturali e sociali, confrontandolo com lê prospettive di sviluppo. In altri termini, la critica dipende strettamente dalla conoscenza della relata in tutte le sue dimensioni temporali e strutturali" (COTTA, 1984, p. 65).

internacional (aspecto externo) e seus mecanismos institucionais de regulação (WIPO, Brusel Comission, G20, FMI, BIRD, OMC etc.), dados os imperativos prementes de atração de investimentos estrangeiros, crescimento econômico, estabilidade econômica e segurança jurídica.

Nos capítulos que se seguem, verificar-se-á com maior detença e amplitude o desenvolvimento do conceito de direito homogêneo, bem como os quatro argumentos que o sustentam/fomentam: i) as transformações no sistema social de produção, que levaram à integração e interconexão das diversas economias nacionais e ao fomento da tecnoeconomia; ii) a formação de Redes de Governo, que possibilitam o incipiente exercício da coordenação dos mercados globais e a constituição de uma *global governance* e que induzem a desagregação da pirâmide jurídica; iii) a produção do tecnodireito, como fruto da reprodutibilidade técnica do direito, por sua desconexão com o local, bem como o vislumbramento de formas de utilização que lhe permitam se impor à economia e à técnica; e, por fim, iv) a matização do conceito de soberania, que levou, de certa forma, à perda de sua aura absoluta.

Por fim, é preciso registrar que este trabalho não teria sido realizado sem o apoio do Prof. Dr. Ari Marcelo Solon, orientador, e de uma verdadeira "rede" de amigos e colaboradores, que permitiram e incentivaram toda a pesquisa. Agradeço ao Prof. Dr. Gerald Doppelt, do Departamento de Filosofia da University of California, San Diego (UCSD); à Prof. Christine Hunefeldt, do Center For Iberian and Latin American Studies (CILAS). Ao Prof. James Cooper, da California Western School of Law. Ao Dr. Alberno Nínio, do Banco Mundial. À inspiração, sempre presente, do amigo Mário Jorge Goes Lopes, *in memoriam*. Aos amigos que contribuíram com críticas e sugestões. À Faculdade de Direito, Largo de São Francisco, da Universidade de São Paulo (USP). E, de modo especial, aos que amo, que saberão se reconhecer.

CAPÍTULO 1

Homogeneização Jurídica e Econômica

Sumário: **1.1** Antigenealogia do capital – **1.2** Iluminismo econômico – **1.3** Iluminismo jurídico – **1.4** *Estado Universal e Homogêneo* – **1.5** *"Pluriversum* político" – **1.6** Direito homogêneo

> *Enfim, tudo era igual, do mesmo inferno oriundo*
> (Baudelaire, "O gosto do nada")

1.1 Antigenealogia do capital

O escopo do projeto iluminista foi libertar o homem do medo, tornando-o senhor do mundo e liberando-o da magia e do mito, estendendo a crítica e o guia da razão por todos os campos da experiência humana. Tal finalidade pôde ser atingida, segundo referido projeto, por meio da ciência e tecnologia: o projeto iluminista consubstancia-se no poder do homem sobre a ciência e sobre a técnica.

Ora, somente por meio do projeto iluminista poder-se-iam libertar as qualidades universais, eternas e imutáveis de toda a humanidade. Assim, o pensamento iluminista abraçou a ideia de progresso e buscou a ruptura com a história e a tradição, por meio da desmitificação e dessacralização do conhecimento e pela organização social com escopo de libertar os seres humanos de seus grilhões.

E, ao saudar a criatividade humana, as descobertas científicas e a busca da excelência individual em nome do progresso humano, o pensamento iluminista deu guarida ao turbilhão de mudanças e tomaram o fugidio, a transitoriedade e o fragmentário como condição necessária ou meio pelo qual o projeto modernizador seria factível de realização. Nesse sentido, sobejavam doutrinas de igualdade, liberdade, fé ilimitada na inteligência humana e razão universal.

> 'Uma boa lei deve ser boa para todos', pronunciou Condorcet às vésperas da Revolução Francesa, 'exatamente da mesma maneira como uma proposição verdadeira é verdadeira para todos'. Essa visão era incrivelmente otimista. Escritores como Condorcet, observa Habermas (1983,9), estavam possuídos da extravagante expectativa de que as artes e as ciências iriam promover não somente o controle das forças naturais como também a compreensão do mundo e do eu, o progresso moral, a justiça das instituições e até a felicidade dos seres humanos. (HARVEY, 1992, p. 23)

E, ao se pretender estender a qualquer campo a crítica racional, não existe área privilegiada da qual a crítica racional deva ser excluída, seja ela jurídica, econômica ou social, alcançando mesmo o domínio da política e da religião, procurando-se, pois, verificar a validade desses conhecimentos nos limites da razão.

Exemplo disso no domínio moral constitui a *Teoria dos sentimentos morais* (1759), de Adam Smith, e *Dei diritti e delle pena* (1764), obra de Beccaria, que abria as portas da indagação racional para o direito penal. Assim, o Iluminismo faz, desde então, incidir à crítica racional todos os domínios do saber humano, trabalho que até hoje não foi interrompido.

Também nesses dois pilares — ciência e técnica — está presente a relação entre o processo de integração internacional dos mercados, globalização, e os ideais tipicamente iluministas. Relação que não é difícil de ser notada, haja vista que ciência e técnica consubstanciam ambas como valores fundamentais da sociedade, de modo que a efetivação do processo de globalização constitui, simultaneamente, a efetivação do ideal iluminista, pois, se o mundo todo precisa ser iluminado pelas luzes da razão, o mundo todo precisa ser conhecido, ordenado, organizado e, principalmente, dominado.[5]

Isso pode ser verificado na hostilidade e antagonismo do iluminismo em relação à tradição,[6] porquanto a vê como força que mantém viva as crenças e preconceitos que constituem seu dever erradicar.

---

[5] NASCIMENTO, Joelton. *A globalização e o iluminismo mitológico*. Disponível em: <http://www.odialetico.hd1.com.br/filosofia/globa.htm>.

[6] No campo da sociologia, a tradição consiste na atitude de aquisição inconsciente de crenças e técnicas, ou seja, aquela atitude pela qual o indivíduo considera os modos de ser e de proceder que recebeu ou está recebendo do ambiente social como seus próprios métodos de ser, sem perceber que são os do grupo social.

Falta na tradição a distinção entre presente e passado, entre si e os outros: o que a torna uma forma de comunicação primitiva e imprópria. A atitude tradicionalista opõe-se deste ponto de vista à atitude pela qual o indivíduo possui uma determinada liberdade de juízo (que todavia nunca é absoluta ou infalível) em relação àquelas mesmas crenças e técnicas que tomou da tradição. A atitude crítica tem condições antitéticas às da tradição: a alteridade entre o presente e o passado e entre um homem e os demais.

O infinito, ou melhor, a infinitude da consciência pode ser entendida de duas maneiras. Em primeiro lugar, como atividade racional, que se movimenta de uma determinação para a outra com necessidade rigorosa, de tal forma que qualquer determinação pode ser deduzida da outra absolutamente e *a priori*. É este o conceito que da infinitude de consciência que tiveram Fichte, Schelling e Hegel (o segundo, porém, somente numa primeira fase de sua filosofia).

Algumas correntes do romantismo atribuem à arte a interpretação do absoluto, uma que se o infinito é sentimento, ele se revela melhor na arte do que na filosofia: porque a filosofia é racionalidade, ao passo que a arte apresenta-se aos românticos como "expressão do sentimento". Schelling, que propendia para essa interpretação, julgou precisamente a melhor manifestação do absoluto fosse dada pela arte; que o mundo fosse uma espécie de poema ou de obra de arte cujo autor seria o absoluto; que a experiência artística seria para o homem o único meio eficaz para aproximar-se do absoluto, isto é, do modo como o absoluto deu origem ao mundo.

Hegel, por sua vez, dentro do pensamento romântico, conduziu a polêmica contra a primazia do sentimento.

Entretanto, pertence somente à escola romântica do sentimento um dos traços mais evidentes do Romantismo: a ironia, que é a impossibilidade, para a consciência infinita, de levar a sério e considerar como coisa segura os seus produtos (a natureza, a arte, o próprio eu) nos quais não pode ver nada mais que suas próprias manifestações provisórias.

Pelo contrário, são caracteres comuns e fundamentais de todas as manifestações do Romantismo o otimismo, o providencialismo, o tradicionalismo e o titanismo. O otimismo é a convicção de que a realidade é tudo aquilo que deve ser e de que ela é, a qualquer momento, racionalidade e perfeição. Se o romantismo tende a exaltar a dor, a infelicidade, o mal, é por causa desse otimismo, pois a infinidade do espírito se manifesta igualmente nestes aspectos da realidade, mas os supera e os concilia em sua perfeição. Hegel apresenta-nos o mundo romântico na felicidade, sua perfeita pacificação racional. Schopenhauer apresenta-o na infelicidade de seus contrastes irracionais, mas ainda assim satisfeito por reconhecer-se neste contraste. A vontade irracional de Schopenhauer é um princípio não menos otimista que a razão absoluta de Hegel.

Com o otimismo metafísico do romantismo, relaciona-se seu providencialismo histórico. A história é um processo necessário no qual a razão infinita se manifesta ou se realiza a si mesma, de maneira que naquela não há nada de irracional ou de inútil. O romantismo coloca-se na mais radical oposição em face do iluminismo acerca deste aspecto. O iluminismo opõe tradição e história: à força da tradição, que tende a conservar e perpetuar preconceitos, ignorâncias, violências e fraudes, o iluminismo opõe a história como reconhecimento dessas coisas assim como elas são e como esforço racional para libertar-se das mesmas. Em oposição a isso, tudo aquilo que é legado de uma geração a outra é para o Romantismo manifestação da razão infinita: é verdade e perfeição. Portanto, o espírito iluminista é crítico e revolucionário; o espírito romântico é exaltativo e conservador. O conceito da história como projeto providencial do mundo domina toda a filosofia do século XIX, e a própria filosofia do século XX não consegue libertar-se desse conceito, senão através de amargas experiências históricas e culturais.

Nessa concepção da história, é que se manifesta mais claramente a finidade que tinham idealistas e positivismo no senso comum do romantismo. Comte tem o mesmo conceito de história que tinham Fichte e Schelling, e que teriam mais tarde Croce e os epígonos novecentistas do romantismo. A história como manifestação de um princípio infinito (Eu, Autoconsciência, Razão, Espírito, Humanidade, ou qualquer outro nome que se lhe dê) é racionalidade total e perfeita, não conhece a imperfeição nem o mal.

Há, nesse sentido, um antitradicionalismo presente no iluminismo que se consubstancia na recusa em aceitar a autoridade de tradição e de reconhecer-lhe um valor independente da razão. De forma que, para os iluministas, tradição e erro coincidiam, tese que, apesar de hoje parecer excessiva, é igualmente dogmática como a tese que identifica tradição e verdade, da qual somente foi possível libertar-se graças a um poderoso empuxão dos potentes impedimentos que a tradição impunha à livre pesquisa de alcançar um novo conceito de história e historiografia. Aliás, esta última vinha se constituindo, nesse mesmo período, nos cânones que lhe garantem, na medida em que for possível, a independência de crenças e preconceitos no reconhecimento e na avaliação dos fatos. A história vinha se configurando como um progresso possível.

> Na defesa deste conceito, Hegel chega ao cúmulo (e Croce fará o mesmo): a história não é progresso ao infinito, pois que, se ela assim fosse, cada um de seus momentos seria menos perfeito que o outro; ela é infinita perfeição de todos os seus momentos. A oposição que Hegel faz entre o "verdadeiro infinito" e o "mau infinito" não tem outra significação. É obvio que, num conceito da história semelhante, não cabe lugar o indivíduo e suas liberdades, pelas quais o iluminismo se havia batido. Há lugar apenas para os heróis ou indivíduos da história cósmica que são os instrumentos de que a providência se prevalece para realizar astutamente seus objetivos.
> Um aspecto importante do providencialismo romântico é o tradicionalismo: com efeito, a exaltação das tradições e das instituições que a encarnam é um dos aspectos típicos do movimento romântico.
> Finalmente, um dos aspectos fundamentais do romantismo, e dos mais evidentes, é o titanismo. Porque o culto e a exaltação do infinito têm como contrapartida negativa a insuportabilidade (ou a insatisfação) do finito. E nesta insuportabilidade (ou insatisfação) se enraíza atitude de rebeldia para com tudo aquilo que parece ser ou é um limite ou uma regra, e do desafio incessante de tudo aquilo que, por sua finitude, parece incompatível ou inadequado em relação ao infinito. Prometeu é adotado como símbolo deste titanismo, com uma interpretação que é muito distante do espírito do antigo mito grego. Para este, Prometeu era o homem que transgredira a lei do fado para tornar possível a sobrevivência do gênero humano, e que justamente sofria as consequências dessa transgressão. Ao invés disso, ele é para o romantismo o símbolo do desafio e da rebeldia em relação ao finito: isto é, de um desafio e de uma rebeldia que não tiram sua razão de ser daquilo a que se opõem, mas somente do fato de que aquilo a que se opõem não é o infinito. A atitude do titanismo não conduz à crítica das situações de fato e ao esforço de transformá-las, porque não julgam de fato seja, ou possa ser, superior ou preferível a outra; mas esgota-se num protesto universal e genérico, e não pode engajar-se em qualquer decisão concreta (niilismo).
> O culto e exaltação do infinito, o fato de não contentar-se com menos do que a infinidade, constituem traços salientes do espírito romântico. Como já foi dito, o próprio positivismo cabe neste espírito. Ele estende o conceito de progresso a toda a história do mundo: é este, com efeito, o sentido da evolução. Ele faz da história humana um progresso necessário e infalível. Finalmente, faz da ciência, que é a manifestação que ele prefere, o princípio infinito da verdade e o único guia dos homens em todos os campos.
> Em política, o romantismo assume a defesa e exaltação das instituições humanas fundamentais, nas quais se personifica o princípio infinito, o que está intimamente ligado aos caracteres que acabamos de definir.

Trata-se da concepção de história como progresso, ou seja, como possibilidade de melhoria dos pontos de vista do saber e dos modos e viver humanos, que advém do compromisso iluminista com a transformação, ou seja, com a crença em um porvir histórico aberto à obra do homem, suscetível de receber o cunho que o homem lhe quer dar. Essa concepção que serviu para subtrair do homem o sentido de fatalidade histórica que o impedia de tomar qualquer iniciativa de transformação.[7]

---

[7] As interpretações que serão feitas levam em consideração uma abordagem descontinuísta do desenvolvimento social moderno. Com isso pretende-se ressaltar o caráter único das instituições sociais modernas, diferenciando-as em forma de todos os tipos de ordem tradicional.
Procura-se, desse modo, identificar o conjunto de descontinuidades que pode ser associado ao período moderno, pretendendo-se, assim, superar a influência de longo prazo do evolucionismo social, uma vez que mesmo as teorias que enfatizaram a importância de transições descontinuístas, como a marxista, permaneceram presas à visão da história como portadora de uma direção global, isto é, governada por princípios dinâmicos gerais.
Acabam, pois, tais teorias evolucionárias sendo representantes das grandes narrativas que devemos abandonar se queremos compreender a contemporaneidade. Abandonar essas grandes narrativas, que acreditam poder ser a história contada em termos de um "enredo" que se consubstancia sob uma imagem ordenada sobre uma plêiade de acontecimentos humanos, significa desconstruir seu "enredo".
E isso se faz ao se afirmar que a história não tem a forma "totalizada" afirmada pelas correntes evolucionárias e aceitar que história não pode ser vista como unidade ou como reflexo de princípios unificadores de organização e transformação.
Certo, porém, que determinados episódios precisos de transição histórica podem ser identificados e, a partir deles, podem ser feitas generalizações. Parece-nos, nesse sentido, que uma das características envolvidas na identificação das descontinuidades que separam as instituições sociais modernas das ordens tradicionais é o ritmo da mudança.
Outra característica marcante é o escopo da mudança, uma vez que diferentes áreas do globo tornam-se interconectadas, ondas de transformação social penetram toda a terra.
Há, ainda, uma terceira característica que diz respeito à natureza intrínseca das instituições moderna, porquanto algumas formas sociais modernas não encontram paralelo em períodos históricos precedentes.
A modernidade traz em si um antagonismo latente, vez que o desenvolvimento e expansão de suas instituições em escala global trazem, simultaneamente, a oportunidade para os seres humanos gozarem de uma vida mais segura e gratificante do que qualquer tipo de sistema pré-moderno, mas trazendo também um lado sombrio. Nessa acepção, talvez, dos fundadores da sociologia (Marx, Durkheim, Weber), Weber seja o mais pessimista, pois vislumbrava o aspecto paradoxal do mundo moderno, com o progresso material sendo obtido à custa da expansão burocrática que aniquila a criatividade e autonomia individuais.
Indubitavelmente, pode-se dizer que a ordem social emergente da modernidade é capitalista. E o é capitalista tanto no seu modo econômico, quanto no seu aspecto institucional.
Marx explica que o caráter móvel, inquieto da modernidade pode ter como uma de suas principais causas (tão bem-compreendido por Schumpeter) no caráter cíclico do *investimento-lucro-investimento*, que, combinado à tendência declinante da taxa de lucro, provoca a disposição perene do sistema à expansão na tentativa de os empreendedores ampliarem sua participação no mercado e aumentarem a taxa de acumulação.

Como a tradição é antagônica ao processo de acumulação de capitais, a homogeneização dos ambientes institucionais requerida pela estruturação global dos mercados revela a natureza antigenealógica do capital, que, por meio de sua técnica do desenraizamento, acaba por gerar uma obsolescência permanente de instituições nacionais. Além disso, desfazendo-se de toda a tradição e ligação com a terra, fomenta o mito da convergência de todo o mundo sob um único modelo econômico.

Nesse sentido, o capitalismo-liberal-democrático é aceito e recomendado como fórmula final da racionalidade humana. Desse modo, por representar, por assim dizer, a melhor sociedade possível, o que se pode fazer é aprimorá-lo, torná-lo mais justo, tolerante e, adaptá-lo constantemente à realidade cambiante.

Contudo, o século XX acabou com esse otimismo iluminista, ao trazer à mesa a suspeita de que o projeto iluminista parecia voltar-se contra si mesmo ao transformar a busca da emancipação humana num sistema de opressão universal em nome da libertação humana, conforme atestam Adorno e Horkheimer na *Dialética do Iluminismo*.[8]

Por sua vez, Durkheim, discordando de Marx, afirma que o caráter da rápida transformação social moderna não teria como causa o capitalismo, mas o impulso energizante advindo da complexa divisão do trabalho no interior dessa sociedade, aproveitando a produção para as necessidades humanas por meio da exploração industrial da natureza. De acordo com essa explicação, a sociedade não seria capitalista, o qual seria apenas um dos aspectos marginais de competição na sociedade que é caracterizada por ser industrial.

Weber, apesar de utilizar a terminologia capitalismo para designar a sociedade moderna, aproximava, em alguns pontos, mais de Durkheim do que de Marx, uma vez que a caracteriza como sendo do tipo Capitalista Racional, uma vez que apesar de compreender o mecanismo econômicos especificados por Marx, tais como transformação do trabalho em mercadoria, a ênfase recai sobre seu aspecto racional, isto é, a racionalização expressa na tecnologia e na organização das atividades humanas na sua forma burocrática.

Giddens insiste no caráter multidimensional da modernidade no âmbito das instituições, pois não devemos encarar as ênfases dos autores anteriormente citados — capitalista, industrial, racional — como sendo mutuamente exclusivas.

Outros, como Talcott Parsons, veem as questões sobre a perspectiva da ordem, uma vez que o problema da ordem é essencial para a interpretação da limitação dos sistemas sociais, porque é definido como uma questão de integração: o que mantém o sistema integrado em face das divisões e interesses que disporiam todos contra todos.

[8] "O princípio da imanência, a explicação de todo acontecimento como repetição, que o esclarecimento defende contra a imaginação mítica, é o princípio do próprio mito. A insossa sabedoria para a qual não há nada de novo sob o sol, porque todas as cartas do jogo sem-sentido já teriam sido jogadas, porque todos grandes pensamentos já teriam sido pensados, porque as descobertas possíveis poderiam ser projetadas de antemão, e os homens estariam forçados a assegurar a autoconservação pela adaptação — essa insossa sabedoria reproduz tão-somente a sabedoria fantástica que ela rejeita: a ratificação do destino que, pela retribuição, reproduz sem cessar o que já era" (ADORNO; HORKHEIMER, 1985, p. 26).

1.2 Iluminismo econômico

Weber considerava esse objetivo dos pensadores iluministas uma irônica ilusão, já que o legado do iluminismo foi, na realidade, o triunfo da racionalidade proposital-instrumental que influenciou e afeta todos os planos da vida social e cultural, incluindo as estruturas econômicas, o direito, a administração burocrática e até as artes, levando, assim, seu desenvolvimento a uma jaula de ferro da racionalidade burocrática, que desmancha o vínculo que acreditavam existir entre desenvolvimento da ciência, da racionalidade e da liberdade humana.

Para Baudelaire, a *modernidade* é o *transitório, o fugidio, o contingente; e uma metade da arte, sendo a outra o eterno e o imutável* (apud HARVEY, 1992, p. 21).

Nietzsche, mergulhando por inteiro no outro lado da formulação de Baudelaire, aponta que moderno não era senão uma energia vital, a vontade de viver e de poder, submersa na desordem, anarquia, destruição, alienação individual e desespero, uma vez que, sob a superfície da vida moderna, dominada pelo conhecimento e pela ciência, ele conseguia senão ver, mas ao menos entrever, energias vitais selvagens, primitivas e completamente impiedosas.

Assim, sob essa perspectiva, todo o conjunto de imagens iluministas sobre a civilização, a razão, os direitos universais e a moralidade perdiam-se no nada, porquanto a essência eterna e imutável da humanidade encontrava sua representação adequada na figura do semideus Dionísio: a figura mítica que representava a carga de ser a um só e mesmo tempo *destrutivamente criativo*, ou seja, formar o mundo temporal da individualização e do vir-a-ser um processo destruidor da unidade, e *criativamente destrutivo*, isto é, devorar o universo ilusório da individualização, um processo que envolve a reação da unidade.[9]

Por isso, a simbologia representada pela *destruição criativa* constitui importante chave interpretativa para compreensão da

---

[9] "Por conseguinte, o homem da modernidade, vazio de mitos, apenas pode esperar da nova mitologia um gênero de redenção que suprime todas as mediações. Esta versão schopenhaueriana do princípio dionisíaco imprime ao programa da nova mitologia uma inflexão que fora alheia ao messianismo romântico — trata-se apenas de um total apartamento da modernidade esvaziada em termos niilistas. Com Nietzsche a crítica da modernidade renúncia pela primeira vez à preservação do seu conteúdo emancipatório. A razão centrada no sujeito é confrontada com o absoluto outro da razão. E como contra-instância à razão, Nietzsche invoca as experiências de auto-desocultação, relegadas ao arcaico, de uma subjetividade descentrada, liberta de todos os constrangimentos da cognição e da teleoactividade de todos os imperativos da utilidade e da moral" (HABERMAS, 1990, p. 99).

modernidade, uma vez que decorre de dilemas práticos enfrentados quando da implementação do projeto modernista.

> Se o modernista tem de destruir para criar, a única maneira de representar verdades eternas é um processo de destruição passível de, no final, destruir ele mesmo essas verdades. E, no entanto, somos forçados, se buscamos o eterno e imutável, a tentar e a deixar a nossa marca no caótico, no efêmero e no fragmentário. A imagem nietzschiana da destruição criativa e da criação destrutiva estabelece uma ponte entre os dois lados da formulação de Baudelaire de uma nova maneira. Note-se que o economista Schumpeter empregou essa mesma imagem para compreender os processos do desenvolvimento capitalista. O empreendedor, que Schumpeter considera uma figura heróica, era o destruidor criativo par excellence porque estava preparado para levar a extremos vitais as consequências da inovação técnica e social. (HARVEY, 1992, p. 26)

Para Schumpeter, era, pois, o heroísmo criativo do empreendedor que poderia advir o progresso humano, uma vez que a destruição criativa consistiria no *leitmotif* progressista do desenvolvimento do capitalista benevolente.

A partir dessa intervenção nietzschiana, o eterno e imutável não poderia mais ser automaticamente pressuposto como assim queria a razão iluminista. Nesse sentido, o esforço para produzir algo novo, criativo, ímpar no mercado, era forjado em um espaço competitivo, levando à afirmação de Benjamin de que a arte modernista tinha necessidade da aura, tinha de ser uma arte áurica, porquanto precisava produzir um objeto cultural original, sem par, e, via de consequência, comercializável a preço de monopólio.

Tal compreensão dos tempos modernos aplicada à economia foi categoricamente elaborada por Schumpeter, que, em vez de ver na atividade econômica ciclos contínuos, percebeu a ruptura provocada pela destruição criativa. Era, pois, o advento de uma era, a modernidade, em que a capacidade técnica mutante de reproduzir, disseminar e vender mercadorias a públicos de massa contaminava toda a sociedade e sua forma de encarar a vida, uma vez imperava o fascínio pela técnica, pela velocidade e pelo movimento, pela máquina e pelo sistema fabril.

Essa reação às mudanças pelo pensamento crítico fornecia não apenas os meios necessários à sua compreensão e absorção, permitindo a sua codificação e reflexão, como, também, apontou meios aptos a modificá-las ou sustentá-las.

Tal atitude racional e calculista provoca a homogeneização da esfera econômica e seu consequente domínio técnico sobre o político, uma vez que é necessário preparar os ambientes para a reprodução e acumulação do capital.

Desse modo, a atitude racional e calculista transforma tanto os indivíduos, quanto comunidades inteiras em instrumentos do crescimento econômico. Por conseguinte, todas as barreiras precisaram ser levantadas (desregulamentação) para a liberdade destrutiva do mercado, sem que fossem fincados novos parâmetros para a convivência social.[10]

Contudo, desde 1848,[11] a ideia de que somente era possível um modo de representação começa a ruir, acabando sendo contestada e substituída por uma ênfase em sistemas divergentes de representação. Nesse sentido, a vanguarda artística que primeiro percebeu a angústia do modernismo, também começa a pintar seu epitáfio.

Isso levou a nova experiência de espaço e tempo no capitalismo ocidental. O modernismo assume, assim, o relativismo como epistemologia, na busca por revelar o que ainda considerava como verdadeira natureza de uma realidade subjacente unificada, mas complexa. Entretanto, por mais esforços que se fizessem, essa realidade subjacente não veio à tona, uma vez que permaneceu obscura.

Daí surge a principal interrogação do chamado período heroico do modernismo: quem ou o que estava sendo mitologizado? Mas essa busca provou ser tão confusa quanto perigosa. "A razão, chegando a um acordo com suas origens míticas, se torna espantosamente misturada com o mito... O mito já é iluminismo, e o iluminismo volta a ser mitologia" (HUYSSENS, 1984 *apud* HARVEY, 2005, p. 38).

Assim, o mito seria capaz de nos redimir do universo informe da contingência, fornecendo o ímpeto para um novo projeto da ação humana. Foi nesse sentido que uma ala do modernismo enxergou a racionalidade incorporada na máquina, na fábrica e no poder da tecnologia contemporânea.

---

[10] "O projeto do Iluminismo, por exemplo, considerava axiomática a existência de uma única resposta possível a qualquer pergunta. Seguia-se disso que o mundo poderia ser controlado e organizado de modo racional se ao menos e pudesse apreendê-lo e representá-lo de maneira correta. Mas isso presumia a existência de um único modo correto de representação que, caso pudesse ser descoberto (e era para isso que todos os empreendimentos matemáticos e científicos estavam voltados), forneceria os meios para os fins iluministas. Assim pensavam escritores tão diversos quanto Voltaire, D'Alémbert, Diderot, Condorcet, Hume, Adam Smith, Saint-Simon, Auguste Comte, Mattew Arnold, Jeremy Bentham e John Stuart Mill" (HARVEY, 2005, p. 35-36).

[11] "A Primavera dos Povos" ou Revolução de 1848.

Do medo o homem presume estar livre quando não há nada mais de desconhecido. É isso que determina o trajeto de desmitologização e do esclarecimento, que identifica o animado ao inanimado, assim como o mito identifica o inanimado ao animado. O esclarecimento é a radicalização da angústia mítica. A pura imanência do positivismo, seu derradeiro produto, nada mais é do que um tabu, por assim dizer, universal. (ADORNO; HORKHEIMER, 1985, p. 29)

Contudo, essa visão limitada das qualidades essenciais do modernismo estava fadada ao abuso e à perversão, uma vez que a máquina racional não era rica o bastante para oferecer uma concepção eterna da vida moderna. Assim, uma vez abandonado o mito da máquina, qualquer mito poderia ser alojado na posição central da verdade eterna pressuposta no projeto modernista, como o mito do empresário empreendedor para Schumpeter.[12]

Aí, nesse contexto, entra o mito da homogeneização econômica do mundo, uma vez que ao se buscarem soluções capitalistas para os dilemas do desenvolvimento, ou melhor, dos dilemas causados pelo subdesenvolvimento e de estabilização político-econômica do pós-guerra, faziam-se prementes a adoção do plano, a realização do planejamento da atividade econômica e a industrialização em larga escala na indústria da construção, as quais deveriam ser conjugadas com as técnicas de transporte de alta velocidade e de desenvolvimento de alta densidade.

1.3 Iluminismo jurídico

Assim, a questão que se coloca é a seguinte:
O que o direito e a ciência do direito podem receber desse iluminismo econômico?

Mas, observe-se bem, a questão não tem relevância apenas para o direito, uma vez que suas implicações ultrapassam os limites deste em relação à economia, porquanto está relacionada com o próprio papel do direito nas sociedades democráticas, as quais valorizam tanto as liberdades individuais, quanto o bem-estar econômico.

---

[12] A crença "no progresso linear, nas verdades absolutas e no planejamento racional de ordens sociais ideais", sob condições padronizadas de conhecimento e de produção, era particularmente forte. Por isso, o modernismo resultante era "positivista, tecnocêntrico e racionalista", ao mesmo tempo em que era imposto como a obra de uma elite de vanguarda formada por planejadores, artistas, arquitetos, críticos e outros guardiães do gosto refinado. A "modernização" de economias europeias ocorria velozmente, enquanto todo o impulso da política e do comércio internacional era justificado como agente benevolente e progressista "processo de modernização" num terceiro mundo atrasado (HARVEY, 2005, p. 42).

Implicações que, portanto, se relacionam com a própria origem do Iluminismo europeu: a descoberta do mercado como um coerente modelo de sistema econômico que, ao seu turno, requer um novo papel para o direito e para o governo na organização de uma sociedade iluminada.[13]

Apesar de essa aliança não impedir ou excluir fundamentais diferenças na arquitetura governamental, na legitimidade e limites dos poderes governamentais ou mesmo no papel da lei e dos direitos individuais na perseguição da felicidade, ela se baseia no consenso fundamental de que uma sociedade livre deve ser uma sociedade justa, reconciliando, portanto, liberdade com igualdade. "There was, however, a fundamental consensus that a free society had to be a just society reconciling freedom and equality" (MESTMÄCKER, 2007, p. 16).

Assim, o interesse público vem a ser uma combinação de "liberdades naturais", regras de conduta e forças de mercado.

A interdependência entre um sistema de justiça e um sistema econômico baseado sobre as *"liberdades naturais"* foi muito bem articulada por Adam Smith, ao dizer que esse governo teria três principais deveres: i) defender a sociedade contra a violência e invasão de outras sociedades independentes; ii) defender cada membro singularmente considerado dessa sociedade contra a injustiça e opressão de outro membro, o que se traduz no dever de estabelecer uma exata administração da justiça; e iii) erigir e manter certos serviços públicos (SMITH, 1996, v. 2).

Entretanto, como não há uma harmonia natural entre direito, como fonte de regras justas, e economia, como fonte de bem-estar econômico, pode-se dizer que a exata administração da justiça não coincide exatamente com o sistema econômico, mas constitui um dos seus principais fundamentos.

Nesse sentido, liberdade sob o *rule of law* significa, como princípio constitutivo de uma sociedade, que *ninguém pode impor ao outro seu próprio conceito de felicidade*. E isso se aplica às pessoas, para a maioria de uma comunidade, e ao próprio Estado. Assim, todos podem perseguir sua felicidade de forma que sua busca permita deixar incólume a liberdade dos outros, tornando compatível com a liberdade que todos detêm como norma geral. Esse raciocínio funciona como modelo de

---

[13] "The discovery of the market as a coherent model of the economic system called for a new role for government and law in the organization of an enlightened society. The law became independent from immutable principles of natural law, abolished heritable privileges and accepted the new discipline of economics as an ally" (MESTMÄCKER, 2007, p. 16).

legitimação e requer que os direitos individuais funcionem como limites aos poderes governamentais.

Essa teoria delega a racionalidade do direito, sua criação, uso e interpretação para a economia. Representante dessa abordagem é Jeremy Bentham. Assim, o sistema econômico resultante, livre dos constrangimentos governamentais, não exclui, ao contrário, exige uma exata administração da justiça.

1.4 Estado Universal e Homogêneo

A História, a partir da perspectiva hegeliana, é interpretada como um grande movimento de ideias enraizado em um "fluxo metafísico de alcance universal. É a História universal. Ao mesmo tempo como processo universal é lógico, ele se torna sistemático, ou como Hegel diz, a história científica" (HARTMANN, 1990, p. 12-13).

É preciso, pois, dar especial atenção a esse aspecto dinâmico da filosofia hegeliana a fim de não perder o que constitui o seu maior legado: a busca pela compreensão de um mundo em movimento. O homem histórico como ser no qual se opera o desenvolvimento do espírito é uma fase do grande processo mundial, em que se concentram as potencialidades de seu tempo, não sendo o Estado prussiano, para Hegel, a culminação da história no mundo. "Ao final do processo histórico, quando o espírito já se realizou completamente, há um estado global de razão universal, de toda humanidade. Nela a ideia absoluta estava completa e a grandeza histórica e espiritual coincidem" (HARTMANN, 1990, p. 14).

Hegel, portanto, vislumbra uma democracia total com o fim absoluto do Estado — realidade absoluta do Espírito, existência concreta do Espírito — no processo histórico mundial.

Ora, tudo isso ocorre no fluir de gerações organizadas sob as formas de Estados e nações, ou seja, no transcorrer da história: que vem a ser a autodeterminação da ideia em progresso, isto é, autodesenvolvimento do espírito em progresso. É o porvir do Espírito em evolução. Espírito que, por ser livre, equivale a dizer que a História significa o progresso da liberdade.

O debate contemporâneo sobre o liberalismo nos remete à compreensão, ainda que básica, desses conceitos no idealismo de Hegel e de Kojève: a concepção política de Hegel pertence ao liberalismo europeu de seu tempo, baseado no preceito da lei, tal como era entendido por seus contemporâneos — uma ordem pública que garantia os direitos do indivíduo à liberdade pessoal, à propriedade privada e à opinião sem entraves.

A atenção pública para o tema cresceu com o artigo de 1989 e o livro de 1992 em que Francis Fukuyama evidenciou realidades sociais e políticas do nosso tempo correspondentes ao conteúdo especulativo do fim da história. Fukuyama foi o globalizador das posições de numerosos cientistas políticos, escolas de pensamento, grupos de pressão e instituições governamentais; mas, ao acrescentar as fórmulas contundentes do *fim da história*, "*Estado universal*" e *último homem*, situou a questão em terreno bem conhecido. No essencial, massificou símbolos debatidos a propósito da interpretação da filosofia hegeliana em geral, e, mais particularmente, da leitura da Fenomenologia do Espírito.

Fukuyama resgata em Kojève a figura do Estado liberal como *Estado Homogêneo e Universal*: o Estado que emerge ao *fim da história* é liberal, na medida em que reconhece e protege, por meio de um sistema de leis, o direito universal do homem à liberdade; é democrático na medida em que só existe com consentimento dos governados.[14]

Das vertentes clássicas do liberalismo idealista, do projeto da paz perpétua kantiana passando pelo idealismo hegeliano, à formulação do *Estado Universal e Homogêneo* de Kojève, tem-se em Fukuyama, independentemente das poucas bases empíricas que forneçam suas proposições, formulações suficientes para se entender a lógica dos Estados liberais contemporâneos.

Kojève defendia que era por meio de um Estado centralizado que se poderia chegar à possibilidade de garantir as liberdades e necessidades dos indivíduos, um instrumento fundamental para assegurar as necessidades de todos. Além disso, era um Estado sem classes, não existindo conflitos políticos, e assegurando aos seus cidadãos o princípio da garantia de direitos, liberdades e igualdades.

Nos seus famosos diálogos com Strauss, Kojève declarou, de forma clara e direta, despido de qualquer sentimento humanista, a posição do historicismo marxista, isto é, a violenta luta coletiva e mesmo os períodos de forte ditadura são estágios meramente necessários do processo histórico em sua inexorável marcha em direção à utopia socialista, que ele chama de *Estado Universal e Homogêneo* (CHÂTELET; PISIER-KOUCHNER, 1983).

---

[14] "O Estado liberal deve ser universal, isto é, garantir o reconhecimento sobre a todos os cidadãos porque são seres humanos e não por serem membros de um grupo nacional, étnico ou racial específico. E deve ser homogêneo na medida em que cria uma sociedade sem classes baseada na abolição da distinção entre senhores e escravos. A racionalidade desse Estado universal e homogêneo evidencia-se mais claramente no fato de ser conscientemente fundado sobre a base de princípios abertos e de conhecimento público, como ocorreu durante a convenção constitucional da qual nasceu a república americana" (FUKUYAMA, 1992, p. 248).

Nesse debate em torno da tirania, Strauss elaborou duas críticas centrais ao *Estado Universal e Homogêneo* de Kojève:
1. esse *Estado Universal e Homogêneo* seria uma tirania, porquanto o governo centralizado de todo o mundo apenas poderia ser atingido por meios brutais;
2. tal *Estado Universal e Homogêneo* não poderia atingir os desejos humanos, pois, como encontrado na própria definição de Kojève, em tal Estado não haveria nenhuma razão para lutar por algo grande ou alto, nem razão que oferecesse riscos para a vida humana maior que sua mera existência animal.

Fukuyama, de certa forma, conseguiu tirar Kojève do alvo da primeira crítica, ao interpretar o *Estado Universal e Homogêneo* como sendo representado pelo Império Americano após a queda do comunismo. Nesse *Estado Universal e Homogêneo*, todos os cidadãos seriam reconhecidos como livres e iguais, sem necessidade de violentas lutas políticas.

Aliás, apesar da fama dos diálogos com Strauss, deve ser dito que o livro *Outline of a Phenomenology of Right* constitui a única fonte em que Kojève apresenta em nome próprio um sustentável e compreensível argumento filosófico para a plausibilidade do *Estado Universal e Homogêneo*.[15]

E, tomando suas razões apresentadas no *Outline*, pode-se dizer que o *Estado Universal e Homogêneo* não deve, necessariamente, ser atingido com recursos à tirania ou ao poder de império, mas, ao contrário, por meio da integração jurídica entre os Estados, da qual resultaria um tipo de ordem constitucional supranacional que seria informada por um singular e unificado conceito definitivo de justiça.[16]

Tal tipo de Estado seria habitado por cidadãos, trabalhadores e membros de família, com recíprocos direitos e deveres apropriados aos seus papéis sociais, em que as distintas necessidades humanas

---

[15] "The juridical unification of humanity, therefore, is not enough for Droit truly to exist in actuality, for the juridical Society thus formed depends upon States and is not therefore autonomous. Juridical unification, therefore, must be backed up by a political unification. Once again, Droit Will only be real in actually in the universal and homogenous State" (KOJÈVE, 2007, p. 126).

[16] "If a Society is homogenous, one can eliminate the words, 'of an exclusive group.' If it is universal, one an eliminate the words, 'of a given Society.' If it is homogenous and universal, one can eliminate the whole parenthetical expression — that is, the whole restriction introduced in this section. The definition of the essence of Droit will also then be applied to the existence of Droit, precisely because existence and essence will be but one: the essence of Droit will be fully realized and the existence will be entirely penetrated by the fullness of the juridical essence. Justice will be fully realized in and by Droit because all human existence will be determined by justice" (KOJÈVE, 2007, p. 94).

seriam atendidas por meio do trabalho e do amor familiar. Essa ordem final seria o atendimento dos objetivos finais da ideologia liberal, em que teríamos a completa substituição dos governos dos homens pelo governo do direito.

Nessa ordem, tanto o Estado quanto o Político, no sentido apresentado por Carl Schmitt, deixariam de existir, porquanto todas as relações econômicas e sociais e mesmo as relações entre Estados soberanos seriam juridicamente ordenadas. Além disso, o conceito de justiça, sobre a base da qual a ordem jurídica universal se formaria, seria uma síntese que agregaria elementos da justiça burguesa do mercado com os elementos do igualitarismo socialista.

Assim, a tese de Kojève do *Estado Universal e Homogêneo* como perfeita ordem legal e, de modo especial, o conceito de justiça como equidade (igual *status* sob a lei) e equivalência (recíprocos direitos e deveres econômicos e sociais), fomentando esse Estado, têm forte potencial para aprofundar significativamente e, talvez, remodelar substancialmente o debate contemporâneo sobre globalização, direito e o destino da política. Para Kojève o *télos* mesmo do direito constitui o *Estado Universal e Homogêneo*: emergindo da definição fenomenológica e comportamental do direito presente no primeiro capítulo da *Outline*.

Contudo, ao mesmo tempo em que reconhece a distinção entre autoridade legal e violência política, Kojève insiste que o direito exige ou implica a ideia de Estado, uma vez que requer a efetividade de um poder de polícia, que somente pode ser atingido pelo monopólio da violência pelo Estado. Por conseguinte, o direito somente pode assegurar a si mesmo por meio do *Estado Universal e Homogêneo*, que compreenderia todo o território global: o triunfo do *Estado Universal e Homogêneo* exige, de fato, quase por definição, o triunfo de um conceito singular de justiça.

Kojève admite que esse estágio ainda não foi atingido, apesar de também aceitar, em parceria com Hegel, que a história tem fim, no específico sentido de que a luta coletiva não constitui necessariamente um princípio último da ordem social.

A questão que se coloca, então, é como poderemos atingir esse estágio final? Nesse sentido, Kojève acredita que o grupo jurídico teria condições de educar o grupo político a fim de induzi-lo a aceitar o direito apropriado, isto é, o direito apropriado às concepções do grupo jurídico.

O direito pode servir como fórum de troca e como ferramenta para reconstrução da sociedade assim como ele serve para reconstrução do Estado. Ele poderia prover representações que realçam a integração social. O direito pode ser capaz de se colocar numa posição que fica no intercruzamento das novas políticas e das novas técnicas de política — servindo-se de uma nova geração de generalistas comandando as incipientes formas de conhecimento e recém-chegadas redes cosmopolitas.[17]

Assim, se for possível a realização de um acordo universal na esfera jurídica, consequentemente, pode haver, também, um acordo sobre o que permanece político, propriamente dito. Isso faz a possibilidade de uma Constituição supranacional, que poderia definir que qualquer um que aja como genuíno servidor civil do Estado ou como impostor.

Contudo, é preciso lembrar que para Kojève a mera harmonização do direito positivo não nos levará ao *Estado Universal e Homogêneo*, uma vez que a unificação só será factível por meio de um acordo sobre um particular conceito de justiça, o qual sintetizará a equidade e equivalência.

Logo, é por meio da realização desse conceito de justiça que o *Estado Universal e Homogêneo* terá capacidade para prover satisfação para os seres humanos.[18] Kojève acredita, pois, que o direito tem uma forte tendência a se autoatualizar na regulação das relações entre os distintos Estados que são membros da sociedade transpolítica, o que pode levar ao fenômeno da unificação jurídica.

Anne-Marrie Slaughter (SLAUGHTER, 2004), atualmente, descreve como a cooperação jurídica entre as nações tem se tornado uma solução larga e eficaz para resolução de problemas criados pela globalização relacionados aos direitos nacionais.

Para Slaughter, apesar de essa cooperação ter sempre ocorrido, a circunstância nova é que agora os Estados começam a reconhecer os julgamentos estrangeiros, ou seja, os juízes nacionais começam a reconhecer os juízes de outros Estados como iguais a eles, como se estivessem agindo como autênticos terceiros. Nesse sentido, pode-se falar que há um processo de reconhecimento entre "terceiros" pertencentes a distintas jurisdições estatais: eles percebem que o

---

[17] "Law could thus serve as a forum of exchange and a tool to rebuild society as it also helped to rebuild the state. It could provide representations that enhanced social integration. Law may be able to into a position now at the crossroads of the new politics and the new techicians of politics — serving as anew generation for generalists commanding the new forms of cosmopolitan knowledges and networks" (DEZALAY; GARTH, 1997, p. 84).

[18] "The Dialectic of Status and Convention (Contract), therefore, leads to the end of history, with the universal and homogenous State — to a definitive synthesis where status-like being is indentified with conventional action, and where active convention solidifies itself into a truly [réellement] existing status in actuality in its identity with itself" (KOJÈVE, 2007, p. 479)

conceito de justiça subjacente ao direito dos díspares Estados é igual ou tende a ser igual, mesmo que os direitos positivos respectivos, aparentemente, continuem a permanecer diferentes.

O resultado desse implícito reconhecimento é que o "terceiro" de um Estado "A" acaba por aplicar e, consequentemente, por desenvolver o direito positivo dos Estados "B", "C" etc., o que somente se torna possível pelo reconhecimento consciente, ou implícito, de um similar conceito de justiça.

Ao fim e ao cabo, pode-se imaginar que as dessemelhanças existentes nos diversos direitos positivos são decorrentes de puras idiossincrasias inerentes às características de cada cultura nacional que tendem a ser eliminadas com o surgimento de um singular direito positivo que emerge: isso significa dizer que há um particular direito positivo, uma vez que permanecem existindo desiguais direitos, os quais são frutos das diferentes condições físicas ou metajurídicas dos diferentes locais, mas que irão, paulatinamente, diminuir na medida em que as distinções entre os díspares direitos positivos começam a ser compreendidas como desassociadas dos desiguais direitos positivos nacionais e, assim, como não tendo nada que ver com o direito em sentido estrito.

Ao mesmo tempo, explica-se o mútuo reconhecimento com base na confiança entre reguladores, isto é, entre legisladores ou servidores civis de Estados singulares, os quais Kojève poderia descrever como a "exclusiva classe jurídica" amplamente entendida.

Esse mútuo reconhecimento é possível precisamente na medida em que a exclusiva classe jurídica de cada Estado pode ter confiança que as dessemelhanças nas leis positivas e regulações não constituem problemas, porquanto é, em maior ou menor grau, reconhecido que tais diferenças não são provenientes de distintos conceitos de justiça entre os Estados em questão.

Igualmente, como tem-se apresentado, a confiança entre as elites — entre a classe jurídica de diferentes Estados — é fundamental para a emergência de um definitivo conceito de justiça a partir do qual a confiança e as disparidades no direito positivo poderiam ser explicadas, na medida em que permaneçam como adaptações às diversidades não jurídicas e contextos específicos.

Assim, a habilidade das elites para resolverem complexos problemas do gerenciamento econômico por meio do direito global, isto é, por meio da técnica, é evidente, ao mesmo tempo em que a resistência a esse tipo de solução também se torna evidente.[19]

---

[19] Por exemplo, uma disputa entre os EUA e a UE envolvendo uso de hormônio em carne para consumo humano demonstrou-se incapaz de ser resolvida pelos instrumentos

Outra questão que se verifica, e de fundamental importância, está na indispensabilidade de um genuíno nível de governança abaixo do *Estado Universal e Homogêneo*, o que acaba por revelar que a política torna-se indispensável para sua legitimidade.

Nesse contexto, se coloca, então, a questão de quem é o decisor último da correta interpretação do conceito de justiça que deve ser aplicada a todos pelo terceiro: se uma particular demonstração que o aplique casualmente, ou o terceiro em nome do *Estado Universal e Homogêneo*, isto é, nos termos apontados nas bases do pensamento schmittiano, ou seja, envolvendo uma (re) formulação do problema schmittiano de quem decide.

O *Estado Universal e Homogêneo*, tal qual descrito por Kojève, não constitui uma realidade, pelo menos atual, uma vez que o mundo permanece longe de ser uma unidade política, e a *harmonização/ uniformização* do direito global se perfaz antes pelas necessidades colocadas pela técnica e pela economia — *tecnoeconomia* — do que pelo consenso em torno de uma concepção global de justiça compartilhada por elites jurídicas.

1.5 "*Pluriversum* político"

A unidade jurídica não leva, necessariamente, à unidade política. Da mesma forma, a integração econômica, que tem levado à harmonização/uniformização do direito, não gera, por si só, a unidade política.

Aliás, pode-se mesmo dizer que um Estado Global é indesejável e, caso realmente se efetivasse, seria visto com alto grau de desconfiança, na medida em que sua institucionalização dimanaria amplo poder e tamanha vastitude de escopo que findaria representando ameaça às liberdades individuais.

Além disso, há outro importante fator que precisa ser levado em consideração: a diversidade cultural e modos de ser dos povos que precisam ser governados tornam praticamente impossíveis conceber um governo global. E nenhuma forma de democracia hoje existente seria capaz de solucionar tal problema, uma vez que seus obstáculos parecem ser intransponíveis.

---

tecnocráticos e científicos, por meio de avaliação de riscos e de análises envolvendo o direito econômico global, porquanto a maioria da opinião pública europeia refutou a troca de sua postura cética em relação à manutenção da natureza dessa forma, o que resultou em uma retaliação norte-americana às exportações europeias. Em outras palavras, numa decisão típica da soberania schmittiana.

Este é, portanto, o PARADOXO DA GLOBALIZAÇÃO: *precisamos de governo em escala global e regional, mas não desejamos a centralização das formulações políticas e que o poder coercitivo se distancie das pessoas que serão governadas* (SLAUGHTER, 2005).

Por isso, percebe-se atualmente, ao lado do processo de integração dos mercados e da homogeneização do direito, a coexistência do *pluriversum político* (SCHMITT, 1992), uma vez que existem novas formas de exercício do poder soberano, ou seja, de manifestações da decisão que permitem conformar a unidade política, assim como novas formas de guerra com inimigos sub e pós-estatais. De igual modo, o espaço próprio do político está em constante alteração, como função de forças e potências que se conectam e desconectam dinamicamente em um processo de autoafirmação dessas mesmas forças e potências.

Se até pouco tempo vivia-se sob a égide de conceitos jurídicos unicamente estabelecidos pelo Estado, que era visto como modelo de unidade política, hoje se assiste, senão ao seu perecimento, ao menos à sua perda de exclusividade, uma vez que se tem a formação de unidades políticas fora desse grande eixo Estatal.[20] "O Estado como modelo de unidade política, o Estado como portador do mais formidável de todos os monopólios, ou seja, o monopólio da decisão política, esta obra-prima da forma europeia e do racionalismo ocidental, é destronado" (SCHMITT, 1992, p. 32).

Nesse sentido, não há por que identificar o conceito de estatal com o conceito de político, nem lhe atribuir o monopólio do político, mas apenas estabelecer o campo próprio do político em um contexto apto a resolução de determinadas questões jurídicas que envolvam a confusa temática de utilização de seus conceitos.[21]

Isso porque a política em sentido lato constituía anteriormente apenas a política externa, a qual era realizada por Estados soberanos perante outros Estados soberanos, reconhecidos por eles como tais. Decidindo, portanto, no plano deste reconhecimento, sobre a amizade, inimizade ou neutralidade mútua. Assim, o elemento clássico em tal modelo de unidade política é constituído pela possibilidade de estabelecer distinções claras e inequívocas, que vinham nitidamente separadas, tais como: interior/exterior; guerra/paz; militar/civil; neutralidade/não neutralidade. Estado e soberania são, portanto,

---

[20] "We normally take it for granted that each government has a particular territory and that each territory belongs to a particular government. Yet this identification of government with territory need not be the case. In important instances, it does not hold" (FREY, 2001, p. 99).
[21] A tese de Schmitt é esta: o conceito do Estado pressupõe o conceito do político.

os fundamentos constituídos nas distinções construídas no direito internacional público entre guerra e inimizade, uma vez que no direito interestatal o reconhecimento como Estado implica por si o reconhecimento do direito à guerra e, por conseguinte, o reconhecimento como inimigo de direito.

Desse modo, o conceito do político representa um desafio colocado a Carl Schmitt, na medida em que agora os temas da teoria do Estado se colocam entre os de direito público internacional interestatal, as organizações multilaterais e supranacionais e a teoria pluralista de Estado.

O pensamento de Schmitt requer uma contextualização, no sentido que seu desenvolvimento fomenta indagações acerca da justiciabilidade de atos políticos e decisões sobre questões políticas tomadas sob a forma jurídica, devendo envolver uma investigação sobre até que ponto o procedimento jurídico, por si só, é capaz de alterar sua matéria e objeto e, consequentemente, os transpor a outro estado de agregação.

Da mesma forma, é preciso incluir nesse contexto a questão da unidade política do mundo, que não se deixa reduzir a unidade econômica e técnica. Além disso, é preciso compreender tudo isso sem se desfazer da realidade de que existe inimizade entre homens.

O tempo dos sistemas acabou (SCHMITT, 1992, p. 38), uma vez que passou a época da grande estatalidade europeia, porquanto hoje somente é possível fazer um retrospecto histórico do grande período do *jus publicum Europaeum* e suas concepções de Estado, guerra e inimigo justo na consciência de sua sistemática, tornando-se, portanto, praticamente impossível a aplicabilidade de conceitos clássicos para compreender os problemas atuais que envolvem o político.

Da mesma forma, sair dos sistemas rumo ao aforismo também não se demonstra factível para o jurista. Tendo em vista o fenômeno que se pretende analisar, resta, consequentemente, testar seus critérios segundo as questões que, repetidamente, são recolocadas acerca de situações sempre novas e convulsivas. Nesse sentido, pode-se dizer que, hoje, há espécies bastante diversas de guerras e inimizades, que ultimam a quebra dos eixos conceituais que sustentavam o sistema tradicional de delimitação e resguardo da guerra, além de desconsiderarem as distinções clássicas entre guerra, paz e neutralidade e entre política e economia, militar e civil, combatente e não combatente, as quais vêm acompanhadas da relativização da ideia de inimizade.

Contudo, mesmo que se compartilhe dessas esperanças, isto é, de que não há mais inimigos na contemporaneidade, é impossível racionalmente negar que os povos se agrupam segundo a dicotomia amigo/inimigo, que constitui uma possibilidade real para os povos politicamente existentes. Por isso, o conceito de amigo/inimigo deve ser extraído de seu sentido concreto, existencial, pois não constitui contraposições normativas ou puramente espirituais.

> O liberalismo procurou, a partir de seu típico dilema entre espírito e economia, reduzir o inimigo a um concorrente, na perspectiva da economia, e a um oponente de discussões, na perspectiva do espírito. No domínio econômico, de fato, não existem inimigos, mas apenas concorrentes, e num mundo totalmente moralizado e eticizado talvez apenas restem adversários de discussão. (SCHMITT, 1992, p. 54)

Contudo, o inimigo não é o concorrente ou o adversário em geral ou particular, pelo qual nutrimos sentimentos de ódio e antipatia, mas o grupo de homens que se contrapõe a outro grupo semelhante. O inimigo é, portanto, apenas o inimigo público, uma vez que tudo o que se refere a um conjunto de homens, especialmente a um povo inteiro, torna-se público.[22]

Assim, palavras como Estado, República, Sociedade, Classe, Soberania, Estado de Direito, Absolutismo, Ditadura, Planejamento, Estado Neutro, Estado Total etc. tornam-se vazias e incompreensíveis quando não se sabe, em concreto, quem deve ser atingido, combatido, negado ou refutado com tais palavras.

E esse caráter polêmico refulge mesmo quando se coloca o adversário como *apolítico*, no sentido de alienado, que se esquece do concreto, ou, ao contrário, quando se pretende desqualificá-lo e acusá-lo de *político*, para colocar-se acima dele como *apolítico*, com a intenção de emprestar a essa palavra a conotação de objetivo, científico, moral, jurídico, estético, econômico ou outras espécies de pretensão de pureza semelhantemente polêmicas.

A definição de político aí colocada não é militarista, belicista, imperialista ou pacifista, nem que determinado povo deva sempre ser inimigo ou amigo de outro, ou que a neutralidade não seja

---

[22] "Os conceitos de amigo, inimigo e luta adquirem seu real sentido pelo fato de terem e manterem primordialmente uma relação com a possibilidade real de aniquilamento físico. A guerra decorre da inimizade, pois está é a negação ontológica de outro ser. A guerra é apenas a realização extrema da inimizade. Ela não carece de ser algo de cotidiano, algo normal, nem precisa ser compreendida como algo ideal ou desejável, contudo precisa permanecer presente como possibilidade real, enquanto o conceito de inimigo tiver sentido" (SCHMITT, 1992, p. 59).

possível ou não tenha politicamente sentido. Apenas significa que o conceito de neutralidade, como conceito político que é, conecta-se intrinsecamente à real possibilidade da guerra como pressuposto extremo do agrupamento amigo-inimigo, uma vez que, se houvesse na terra apenas a neutralidade, acabaria a possibilidade não só da guerra, mas da própria neutralidade, da mesma forma que acontece com qualquer política, mesmo a política de evitar confrontos, uma vez que o fator determinante é sempre a possibilidade de tal eventualidade ocorrer. "O fenômeno do político apenas pode ser compreendido mediante referência à real possibilidade do agrupamento amigo-inimigo, independente do que daí decorre para a apreciação religiosa, moral, estética, econômica do político" (SCHMITT, 1992, p. 61).

Não obstante, a guerra pode originar-se de oposições morais, religiosas e outras, tendo apenas sentido enquanto tais oposições se elevam à condição da distinção amigo/inimigo a ponto de provocarem o agrupamento de luta, ocasião que a oposição determinante deixa de ser puramente religiosa, moral ou econômica para ser política. Isso porque toda contraposição moral, econômica, étnica pode, potencialmente, transformar-se em uma contraposição política se e quando tiver condições de agrupar objetivamente os homens em amigos e inimigos.[23]

O importante aqui é salientar que, se as forças opositoras econômicas, culturais ou religiosas forem capazes de aglutinar forças a ponto de determinarem a opção sobre a guerra, tais forças tornam-se, justamente por isso, a nova substância da unidade política. Do contrário, isto é, caso não tenham condições de aglutinar forças para impedirem uma guerra contra seus interesses e princípios, pode-se pressupor que não atingiram o ponto do político.

De qualquer forma, ou a unidade política é decisiva para o agrupamento amigo/inimigo, e nesse sentido é soberana, ou simplesmente inexiste.

Nesse sentido, o pluralismo consiste em negar a unidade soberana do Estado, isto é, a unidade política, firmando-se sobre a tese de que o homem vive simultaneamente em numerosas e diferentes ligações e agrupamentos sociais, que o comprometem em uma pluralidade de obrigações de fidelidade e lealdade, sem que seja possível dizer que uma dessas organizações seja incondicionalmente decisiva e soberana,

---

[23] "Político, em todo o caso, sempre é o agrupamento que se orienta na perspectiva da eventualidade séria. Por isso, ele é sempre o agrupamento humano determinante, e a unidade política, portanto, se estiver presente, será sempre a unidade normativa e 'soberana', no sentido de que a ela caberá sempre, por definição resolver o caso decisivo, mesmo que seja um caso excepcional" (SCHMITT, 1992, p. 65).

porquanto cada uma delas pode, ao seu tempo e modo, revelar-se como mais forte em âmbitos distintos, decidindo o conflito das condições de lealdade e fidelidade apenas diante do caso concreto.

Contudo, com isso fica sem resposta a questão de se saber qual a "unidade social" define, diante do caso de conflito concreto, o agrupamento determinante segundo a dicotomia amigo/inimigo. Por isso, a unidade política persiste, por essência, como unidade determinante, independentemente de onde extrai as forças de seus últimos motivos psicológicos. "Ela existe ou não existe. Quando ela existe, é a unidade suprema, isto é, aquela que determina o caso decisivo" (SCHMITT, 1992, p. 69).

Tem-se, pois, a partir da caracterização conceitual do político, a constatação do pluralismo do mundo dos Estados, uma vez que, se a unidade política pressupõe a possibilidade real do inimigo, pressupõe, também, outra unidade política coexistente. Apenas nesse sentido é que se pode falar que toda teoria do Estado é pluralista, uma vez que a unidade política não pode ser universal, no sentido de englobar toda a humanidade e toda a terra, na forma de um idílico Estado final da despolitização completa e definitiva. "Por isso, na terra, enquanto existir um Estado sempre existirão vários Estados, e não pode haver um 'Estado-mundial' que englobe toda a terra e toda a humanidade. O mundo político é um 'pluriverso', e não um 'universo'" (SCHMITT, 1992, p. 80).

Isso porque a universalidade — homogeneização — significaria, necessariamente, a completa despolitização e, consequentemente, a completa ausência de Estados.

Pode-se, então, distinguir internacional, como inerente a movimentos internacionais, que se estendem pelas fronteiras dos Estados e sobre seus muros, ignorando a unidade territorial que até agora caracterizava os Estados existentes, sua impenetrabilidade e impermeabilidade, de interestatal, como designativo de movimentos de garantia interestatal do *status quo* das atuais fronteiras estatais.

> Se um 'Estado-mundial' englobar a terra inteira e toda a humanidade, ele não será por isso nenhuma unidade política e só por assim dizer se chamará Estado. Se de fato a humanidade inteira e toda a terra se unificassem à base de uma unidade apenas econômica e de técnicas de comunicações, em primeiro lugar isso não seria mais 'unidade social' do que uma 'unidade' social composta por moradores de um grande bloco de apartamentos, ou por usuários do gás de uma mesma fábrica de gás, ou por viajantes de ônibus. Enquanto esta unidade permanecer

apenas econômica ou de técnica de comunicações, ela não poderia, por falta de adversário, nem ao menos elevar-se a um partido econômico ou de comunicações. Se ela quisesse, além disso, constituir ainda uma unidade cultural, de cosmovisão, ou 'superior' de qualquer forma que seja, contudo ao mesmo tempo incondicionalmente apolítica, então ela permaneceria uma cooperativa de produção e de consumo à procura de um ponto neutro entre as polaridades de ética e economia. Ela não conheceria nem Estado nem reino nem império, nem república nem monarquia, nem aristocracia nem democracia, nem proteção nem obediência e teria, isto sim, perdido absolutamente todo caráter político. (SCHMITT, 1992, p. 84)

Entretanto, a questão que se coloca ante a possibilidade de tal comunidade é de se saber a que homens seria conferido tal poder conectado ao exercício do planejamento centralizado da produção e comercialização mundial e a técnica que envolvesse todo o globo.

Tal pergunta não é inútil em função de se esperar que as coisas comecem a andar por si mesmas, de forma a tornar supérfluo um governo dos homens sobre os homens, os quais estariam inteiramente livres, pois ficaria a pergunta de se saber por que eles se tornam livres (SCHMITT, 1992).

1.6 Direito homogêneo

Conforme foi afirmado *supra*, para Kojève a mera harmonização do direito positivo não nos levará ao *Estado Universal e Homogêneo*, uma vez que a unificação só será factível por meio de um acordo sobre um particular conceito de justiça, o qual sintetizará a equidade e equivalência.

É justamente nesse sentido que se declarou que *Estado Universal e Homogêneo* não constitui uma realidade, uma vez que o mundo permanece longe de ser uma unidade política, conforme a assertiva ainda atual de Schmitt, e pela circunstância da *harmonização/uniformização* do direito global se perfazer à base de uma unidade econômica e técnica, que acompanha e possibilita a integração internacional dos mercados, mas que não constitui uma unidade política global.

Apesar dos conflitos provenientes da inexistência de uma unidade política do mundo, uma vez que não há um *Estado Universal e Homogêneo*, no sentido apontado por Kojève, mas um *Pluriversum Político* composto por vários Estados Soberanos, conforme salientado por Schmitt, a tese do *direito homogêneo* visa, com base na integração técnica e econômica do mundo, a compreender o processo de uniformização e harmonização jurídica global.

Nesse sentido, o *direito homogêneo* se constitui antes pelas necessidades colocadas pela técnica e pela economia — *tecnoeconomia* — do que pelo consenso em torno de uma concepção global de justiça compartilhada por elites jurídicas ou pela construção de uma unidade política global.

Procurar-se-á, agora, desenvolver e explicitar o processo que fomenta o *direito homogêneo*.

A globalização da economia[24] pode ser caracterizada pela existência de organizações corporativas de produção/informação com atuação em nível mundial: é a *interconexão das economias* dos distintos Estados.

Nesse contexto, ocorre, também, como efeito desse processo de globalização da economia, a diminuição da capacidade de ação interventiva dos Estados nacionais na atividade econômica devido aos limites territoriais de sua jurisdição.[25]

Essa debilidade dos instrumentos de intervenção do Estado pode, em parte, ser explicada pela latente separação entre Estado, que permaneceu como agente nacional, e empresas, que se transformaram em agentes mundiais. Além disso, há de se ressaltar que o processo de globalização veio acompanhado da crença em um modelo econômico único aplicável à totalidade dos países, desconsiderando, pois, as dimensões sociais, políticas e éticas, que devem ser integradas à economia.[26]

A globalização conduziu, pois, a uma limitação do papel das instituições públicas com relação ao mercado, cujo apogeu parece ter sido atingido no fim dos anos 80 e reflete-se, atualmente, dentro dos diferentes direitos econômicos dos Estados nacionais, haja vista a repercussão do poder econômico do capital financeiro transnacional na tomada de decisões da política econômica interna: a estruturação mundial dos mercados (capitais, bens e condutas) somente se torna

---

[24] "Os fatores que contribuem para explicar a arquitetura da globalização atual são: a unidade da técnica, a convergência dos momentos, a cognoscibilidade do planeta e a existência de um motor único na história, representado pela mais-valia globalizada. Um mercado global utilizando esse sistema de técnicas avançadas resulta nessa globalização perversa" (SANTOS, 2000, p. 24).

[25] Cumpre observar, com base em Grieco (2001, p. 8-9), que a "globalização não se processa através de esquema institucional formal como ocorre nas imposições em pleno vapor da regionalização dos megablocos. Essa é diferença fundamental na compreensão da extensão e das perspectivas de transformações das relações entre o mundo industrializado e a comunidade subdesenvolvida, que luta pela repartição equânime do progresso e das riquezas".

[26] "Não há margem [...] para dissociar o estudo da economia do estudo da ética e da filosofia política" (SEN, 1999, p. 19).

plausível por meio da institucionalização de direitos — necessários à reprodução do capital — no espaço dos Estados nacionais.[27] Esses direitos tendem a uniformizar a regulação dada ao capital financeiro transnacional: trata-se da *uniformização dos direitos*; porquanto, tendo em vista as necessidades decorrentes de uma indefectível interdependência econômica, os Estados nacionais tendem a adotar, de modo uniforme e acrítico, as instituições necessárias ao desenvolvimento de uma economia de mercado.[28] É o tecnodireito requerido pelas necessidades da economia global:

Taxonomia das instituições de uma economia de mercado[29]

Necessidades da economia de mercado	Instituições
criação do mercado	- propriedade privada - contratos e legislação para execução dos contratos
regulamentação	- órgãos reguladores - outros mecanismos para a correção de falhas de mercado
estabilização	- instituições monetárias e fiscais - instituições de regulamentação e supervisão prudencial

Contudo, as necessidades decorrentes da interdependência econômica não podem desconsiderar que a ordem econômica internacional deve buscar a coexistência pacífica a partir da construção

---

[27] Referindo-se à influência dessas forças, afirma Leal (1999, p. 152): "As Formações Econômicas e Sociais, como salientamos, são fatores engendrados na montagem de decisão do Modo de Produção Capitalista ou inoculados na fisiologia de atuação dos Estados-Nações, segundo os interesses do Sistema Econômico Mundial".

[28] Para Santos (2001, p. 300-301): "o direito sistêmico é a forma de direito do espaço mundial, o conjunto das regras e padrões normativos que organizam a hierarquia centro/periferia e as relações entre os Estados-nação no sistema inter-estatal. Falei atrás do debate sobre o papel da integração normativa como argamassa que dá coesão ao sistema mundial. Mesmo que admitamos, como Chase-Dunn, que esse papel é relativamente secundário em comparação com a interdependência dos mercados e com o poder político-militar, o facto é que, enquanto relações sociais, estes últimos geram a sua própria normatividade, conjuntos de regras e padrões normativos que fundam a distinção entre expectativas legítimas e ilegítimas e, assim, disciplinam os comportamentos. Essas regras e esses princípios normativos são invocados e aplicados para reforçar ou estabilizar a sempre problemática coerência do sistema mundial, por mais unilateral que seja a forma como são impostos por Estados imperialistas, parceiros dominantes ou organizações internacionais controladas pelos países centrais. Por essa razão, apelido-os de direito sistêmico. Os 'regimes internacionais', formulados pela teoria das relações internacionais, são direito sistêmico".

[29] Extraído de Rodrik, disponível em: <http://www.nber.org/papers/w10050>.

da unidade que reconheça e respeite a heterogeneidade dos atores internacionais, bem como a multiplicidade de ordenamentos nacionais. É isso que ajuda a explicar a diversidade de relações entre capital e trabalho encontrada nos diversos países, as várias formas de competição oligopolística e as diferentes formas de competição estatal.[30]

Tal percepção das diversas formas de organização das economias nacionais possibilita não só diferençar a forma como o capitalismo se estrutura institucionalmente nos diversos países, como, também, compreender a necessidade de se evitar comportamento puramente mimético, seja em relação aos organismos multilaterais ou em relação aos outros países, na formulação de arquitetura jurídica estatal que favoreça a criação de bons ambientes institucionais requeridos pelos atores econômicos globais para atração e manutenção de capitais necessários ao fomento do desenvolvimento econômico interno.[31]

A heterogeneidade pode ser respeitada a partir do conhecimento e da conscientização da multiplicidade de arranjos institucionais possíveis para uma economia de mercado. Nesse sentido, a nova forma de exercício da soberania econômica pode estar na institucionalização de novos modelos de intervenção e regulação para o Estado nacional, os quais residem, basicamente, na seleção de um cardápio infinito de possibilidades institucionais, dos melhores instrumentos e arranjos organizacionais que se adaptem ao seu contexto econômico e político específico, bem como na formulação de Redes de Governo. É a soberania matizada.

Algumas intervenções políticas deixaram duradouras influências sobre mudanças técnicas e valores sociais e contribuíram efetivamente para a construção de vários mecanismos de coordenação.

Assim, de acordo com essa visão, arranjos institucionais podem advir de construções viabilizadas ao longo prazo. E, ainda, a persistência

---

[30] Boyer & Hollingsworth (1998, p. 433): "It is now clear that these three types of regulatory systems — at the global, the national, and the subnational regional levels — coalesced into a surprisingly coherent growth regime between the end of World War II and the mid-1960. And it was the containment of market forces that played a positive role in the unprecedented increases in productivity and standards of living that occurred in advanced industrial societies".

[31] Nesse sentido, Swedberg (2003, p. 63) afirma: "Studies in the tradition of political economy are strongly critical of the Idea of convergence to one universal type of economic organization, an idea that is still popular among economists; and as an alternative they have tried to map out the different combinations of governance mechanisms that can be found in the different types of national capitalism. One research result from this agenda is that no single form of governance — including the market — is responsible for the way that a national economy works; a number of governance forms are typically involved" (*apud* SCHIMITT, 1997).

desses arranjos institucionais pode limitar a convergência de instituições por todas as sociedades. Nesse sentido, a ideia convencional sobre a convergência de todas as sociedades a um mundo sem fronteiras pode consistir em erro, uma vez que mesmo equipamentos e produtos que parecem similares no mundo todo não são, necessariamente, produzidos por organizações e mecanismos de coordenação que se convergem em direção à mesma estratégia.[32]

Contudo, é preciso observar que a incapacidade de uma sociedade alterar suas próprias configurações institucionais pode, também, torná-la vulnerável a um absoluto declínio econômico. Logo, em vez de seguir agendas padronizadas de reforma e de arranjos institucionais — operacionalizados por meio de regulamentações jurídicas —, que são sugeridos pelas agências multilaterais, as políticas públicas dos Estados nacionais dos países em desenvolvimento podem e devem, a partir do conhecimento mais profundo das peculiaridades locais, agir de forma criativa na construção das suas respostas às necessidades postas pela economia global.[33]

É preciso, por conseguinte, combinar os elementos institucionais que melhor reflitam as condições econômicas e políticas do país, na medida em que diferentes arranjos implicam, também, diferentes custos e benefícios, os quais podem variar de acordo com restrições políticas existentes e com deficiências específicas dos mercados locais.[34] Nesse

---

[32] "Furthermore, because of the lack of adequate political and social resources, an economy might be unable to import the institutional arrangements that would enhance its international competitiveness.
This inability to import major new institutional arrangements is often constrained by an existing institutional configuration with its own path dependent logic. Each institution is interdependent with other institutions, making it very difficult for a society to mimic the institutional arrangements of another country" (HOLLINGSWORTH; BOYER, 1998, p. 455).

[33] Da mesma forma o direito, pois segundo Bittar (2005, p. 219): "Os contrastes, portanto, são a tônica da observação de uma realidade multifacetada; ao se aproximar o olhar desta realidade dever-se-á ter presente a visão de diversos matizes".

[34] Por exemplo, o paper do World Bank Policy Research Working Paper 3907, May 2006, (WPS3907), intitulado "*Trade and Hamonization*: if your Institutions are Good, does it Matter if they are Different?", elaborado por Roumeen Islam, World Bank, e Ariell Reshef, da New York University, após avaliarem, por meio de modelos econômicos, indicadores de diferentes sistemas legais, concluem que instituições efetivas — ou seja que funcionam — são mais adequadas ao desenvolvimento comercial do que a adoção de comportamento mimético em relação aos desenhos institucionais de países mais desenvolvidos. Assim, a harmonização não é tão relevante quanto a construção de quadro institucional que se estabeleça ambiente e comportamentos de efetivo interesse para o desenvolvimento econômico, uma vez que, a partir deles, é que os agentes econômicos conseguem o mínimo de racionalidade de seus comportamentos e previsibilidade que aumente a segurança de seus investimentos: "Therefore, we argue that policies favoring harmonization may be much less important in promoting trade than policies promoting institutional effectiveness, especially since the latter are more likely to succeed and may be less costly to achieve".

sentido, traz-se à baila um quadro[35] em que se encontram exemplos de múltiplas possibilidades de operacionalização da configuração institucional que, a partir da combinação de políticas convencionais e não convencionais, permitiriam o crescimento sustentado com observância dos princípios econômicos consensuais.

Quadro-resumo: objetivos socioeconômicos, princípios universais e contrapartidas institucionais

Objetivos	Princípios universais	Possíveis arranjos institucionais
Microeconômicos: eficiência produtiva estática e dinâmica	- *Direito de propriedade*: garantia ao investidor atual ou potencial de retenção dos lucros obtidos com o investimento.	Qual tipo de propriedade? Privada, pública ou cooperativa?
		Qual tipo de regime jurídico? Direito comum? Direito civil? Adoção ou inovação?
	- *Incentivos*: produção de incentivos alinhados com custos e benefícios sociais.	Qual é o exato equilíbrio entre mercado concorrencial descentralizado e intervenção pública?
		Quais tipos de instituições financeiras de governança corporativa são mais apropriados para a mobilização da poupança doméstica?
	- *Legislação*: conjunto de regras conhecidas, transparentes e estáveis.	Estímulo público a geração e absorção de tecnologia? Proteção ao direito de propriedade intelectual?
Macroeconômicos: estabilidade financeira e macroeconômica	- *Moeda saudável*: não gerar liquidez além do aumento da demanda nominal por moeda a uma taxa de inflação razoável.	Quão independente deve ser o banco central?
		Qual é o regime cambial apropriado? (dolarização, *currency board*, taxa ajustável, câmbio flutuante, flutuante puro ou controlado)
	- *Sustentabilidade fiscal*: assegurar que o déficit público permanecerá "razoável" e estável em relação aos agregados nacionais.	Política fiscal deve ser limitada por regras? Se for o caso, quais são as regras apropriadas?
		Qual tamanho do setor público?
		Qual é o aparato regulatório para o sistema financeiro?
	- *Regulamentação Prudencial*: prevenir a assunção excessiva de risco pelo sistema financeiro.	Qual é o tratamento regulatório apropriado para as transações da conta de capital?

---

[35] Extraído de Rodrik, disponível em: <http://www.nber.org/papers/w10050>.

Quadro-resumo: objetivos socioeconômicos, princípios
universais e contrapartidas institucionais

Objetivos	Princípios universais	Possíveis arranjos institucionais
Política social: justiça distributiva e atenuação da pobreza	- *Focalização*: programas redistributivos precisam focar os beneficiários da melhor maneira possível.	Quão progressivo deve ser o sistema tributário?
		Os sistemas de previdência devem ser públicos ou privados?
	- *Compatibilidade de incentivo*: os programas redistributivos precisam minimizar as distorções dos incentivos.	Qual é o ponto apropriado para intervenção: sistema educacional? Acesso ao sistema de saúde? Acesso ao crédito? Mercado de trabalho? Sistema tributário?
		Qual deve ser o papel dos "fundos sociais"?
		Redistribuição de dotação? (reforma agrária, auxílio-natalidade)
		Organização do mercado de trabalho: descentralizado ou institucionalizado?
		Meios de prestação de serviços? ONG, acordos participativos, etc.

Além disso, contra a tendência de prevalência absoluta do mercado em face do Estado e diante das inseguranças causadas pelo processo de integração econômica (volatilidade financeira, abandono de investimentos sociais, desequilíbrios nas negociações comerciais e medidas de ajustes que provocam desemprego), surge no horizonte uma reação com o escopo de reequilibrar a dicotômica relação Estado/mercado.[36]

Subjacente a essas tentativas de reequilíbrio e de readequação social, desenha-se, hoje, a interconexão de regulações, interesses e procedimentos, que reflete a interconexão entre economias — a

---

[36] Inclusive, por paradoxal que possa parecer, os primeiros sinais dessa reação foram esboçados nos países que primeiro foram atingidos pelo liberalismo. Nesse sentido, na Grã-Bretanha, o trabalhista Tony Blair propôs a passagem de uma sociedade de acionista (*shareholder society*), que se funda na estratégia administrativa condicionada pelo objetivo de propiciar ganhos máximos aos acionistas, para uma sociedade de parceiros (*stakeholder society*), atitude que implica a colaboração de todos os agentes econômicos no desenvolvimento social. De igual modo, nos Estados Unidos, o antigo Secretário do Trabalho, Robert Reich, propôs que o Congresso incitasse as grandes empresas a adotar comportamentos responsáveis (*Responsability Corporation*), que seriam assim qualificados em consideração aos efeitos que poderiam causar, entre muitos outros com relevante impacto social, à empregabilidade, ao meio ambiente e à qualificação dos empregados.

globalização —, tendente a superar os limites jurisdicionais dos Estados nacionais: são as Redes de Governo.

Nesse novo papel, os poderes públicos, em vez de serem reduzidos ao mínimo do liberalismo, procuram encontrar a difícil conciliação entre as vantagens do mercado e as vantagens do Estado. Esse reequilíbrio, se encontrado e confirmado, oferecerá novos benefícios para a sociedade e para os próprios agentes econômicos, considerados nos planos global, regional e local.

Levando-se em consideração o anteriormente exposto, em um contexto de reequilíbrio entre poderes públicos e mercados é que se perfaz a *interconexão de direitos*: expressão jurídica da necessidade premente de os Estados nacionais delinearem uma divisão internacional do trabalho administrativo[37] com vistas à integração de forças e esforços que permitam a construção de parâmetros jurídicos para a regulação do comportamento dos agentes econômicos globais, bem como a estruturação de meios para sua efetivação (CHESNAIS, 1996) por meio da *harmonização de direitos*.

Portanto, nesse contexto, tem-se, ao lado da fática fragilidade dos Estados nacionais em face dos agentes econômicos globais, crescente movimento de integração internacional de Administrações Públicas com vistas ao controle de condutas de agentes econômicos que sejam capazes de produzir efeitos em mais de um ordenamento jurídico.

Tal sorte de questões suscita o fenômeno que denominamos de direito homogêneo. A expressão *direito homogêneo* visa a revelar a homogenia[38] do direito contemporâneo, indicando três tendências: primeiro, a tendência de reprodução, no âmbito dos Estados nacionais, na regulação da atividade econômica, de parâmetros normativos fixados pelos agentes econômicos, organizações não governamentais e poderes públicos que atuem no plano global das relações internacionais; segundo, a tendência à institucionalização de uma *global governance* (CASSESE, 2003), ou seja, um ordenamento jurídico global a partir da integração dos Estados nacionais em Redes de Governo com

---

[37] *Vide* casos Amadeus, General Eletric-Honeywell, no que diz respeito à atuação conjunta de autoridades administrativas europeias e norte-americanas na regulação da concorrência, e a recente declaração de concordata da gigante italiana Parmalat (janeiro de 2004), que, devido aos efeitos no espaço de vigência do ordenamento jurídico brasileiro, provocou a reação de diversos órgãos administrativos (Banco Central, Secretaria da Receita Federal e Polícia Federal).

[38] Segundo Halliday (1994, p. 64), homogeneidade refere-se à necessidade de as sociedades compartilharem normas internas comuns.

vistas ao controle dos mercados;[39] e, finalmente, a ambivalência dos direitos nacionais, caracterizada, principalmente, pela dificuldade de organização e classificação do direito positivado e pelo *estado de exceção econômica* do tempo contemporâneo.

---

[39] Para Ricupero (1994, p. 82-83): "A primeira marca diferenciadora do mundo que está emergindo, em relação ao passado recente, é o predomínio da homogeneidade sobre a heterogeneidade.
[...]
Desse ponto de vista, homogêneo é o sistema internacional onde os principais participantes coincidem no mesmo critério de legitimidade de poder e seguem princípios análogos e compatíveis de organização política, social, econômica etc.".

Capítulo 2

Tecnoeconomia

Aqui está a rosa, aqui se dança.
(HEGEL, 1997, p. 36)

Sumário: **2.1** Tempo econômico – **2.2** Reflexividade e circularidade da razão – **2.3** Tecnoeconomia – **2.4** Erosão do fordismo – **2.5** Aninhamento institucional

2.1 Tempo econômico

Não é possível falar de cultura e história sem que, previamente, se tome consciência de sua própria situação cultural e histórica, uma vez que todo conhecimento histórico é conhecimento do presente, porquanto recebe das condições do presente sua luz e a ele serve, uma vez que todo espírito apenas é espírito presente.

Procurar-se-á, então compreender, o tempo contemporâneo. Nesse caminho, retrocedamos rapidamente com intuito de buscar clarear o sentido do atual.

Nessa volta, digno de nota é o Estado europeu do século XIX, que se propunha como *stato neutrale ed agnostico* e, com isso, via em sua neutralidade a razão de sua existência. Entretanto, a crise financeira acabou com a utopia liberal que floresceu após a queda da União Soviética, em 1991, e toda a conversa grandiosa sobre o fim da história. Os ataques terroristas de 11 de setembro de 2001 e o derretimento financeiro, observado a partir de 2008, explodiram o mito segundo o qual a economia de mercado e a democracia liberal têm todas as respostas.

Desde o fim do sistema de Breton Woods houve repetidas crises financeiras, mas elas se deram em países pobres (e, portanto, não importavam; na verdade, ofereciam às corporações americanas uma chance de adquirir ativos valiosos a preços baixos). As raízes da crise atual foram plantadas na década de 70, com o fracasso do sistema de Bretton Woods, no pós-guerra, com a financeirização da economia e com a movimentação contra qualquer regulamentação, baseados em dogmas quase religiosos a respeito da eficiência dos mercados: o que intensificou as já inerentes ineficiências dos mesmos.

Agora, os governos procuram introduzir mais regulamentação estatal e coordenação global, fortalecendo o sistema capitalista. Mas, mesmo que o capitalismo seja temporariamente consertado, isso não necessariamente resolve suas contradições inerentes, pois o alarmante colapso da sociedade pode levar a novas formas de *apartheid* e estados de emergência, uma vez que o capitalismo é incapaz de enfrentar os principais desafios de hoje: a catástrofe ambiental e os abusos da tecnologia da informação, os direitos de propriedade intelectual e a biogenética.

A crise atual é importante porque acontece no espaço dos ricos e poderosos e é muito difícil de estancar. Ninguém conhece a profundidade da crise. E ninguém que conheça história econômica se surpreenderá com o fato de que as medidas que estão sendo tomadas pelos centros de decisão do capital financeiro para resolver os problemas de suas próprias crises são opostas às ditadas aos pobres quando estes enfrentavam uma crise similar.

Além disso, há a tentativa, sub-reptícia, da ideologia governante, de transferir a culpa do sistema capitalista global, como tal, para seus desvios acidentais — como a regulamentação excessivamente frouxa ou a corrupção das grandes instituições financeiras. Contudo, isso não resolve o problema, apenas o difere ou o desloca, uma vez que o problema, hoje, é que, quando há caos e desordem, as pessoas perdem mapeamento cognitivo. Por isso, o tempo em que vivemos é tão extraordinário que é necessário compreender plenamente o que está acontecendo antes de poder agir de modo sensato.

2.2 Reflexividade e circularidade da razão

A reflexividade é uma característica marcante de toda ação humana, uma vez que seres humanos mantêm-se em contato rotineiramente com as bases do que fazem como parte integrante do fazer.

Nas culturas tradicionais, o passado é honrado e os símbolos valorizados em função de perpetuarem a experiência de gerações.

Assim, a tradição é um modo de integrar a monitoração da ação com a organização tempo-espacial da comunidade.[40]

Com a ocorrência da modernidade, a reflexividade é assumida na própria base de reprodução do sistema, uma vez que o pensamento e a ação encontram-se refratados entre si, já que a tradição justificada é tradição falsificada e recebe sua identidade apenas da reflexividade do moderno. "A reflexividade da vida social moderna consiste no fato de que as práticas sociais são constantemente examinadas e reformadas à luz de informação renovada sobre estas próprias práticas, alterando assim constitutivamente seu caráter" (GIDDENS, 1991, p. 45).

Na modernidade, a revisão da convenção é radicalizada para permitir-se aplicar a todos os aspectos da vida humana, inclusive a intervenção tecnológica no mundo material. Assim, a característica da modernidade não é a simples adoção do novo por si só, mas a suposição da reflexividade indiscriminada.[41]

Essa perspectiva, agora, demonstra-se perturbadora, porquanto as reivindicações da razão, que substituíram as da tradição, veem suas sensações de certeza diluírem, uma vez que a equação entre e conhecimento e certeza revelou-se errônea.

Nas ciências econômicas isso é evidente, já que seus conceitos fundamentais encontram-se intimamente ligados às atividades e eventos aos quais se relacionam, uma vez que não apenas servem à compreensão dos comportamentos dos agentes, mas chegam a constituir o que é o comportamento dos próprios agentes, além de informarem as razões pelas quais ele é compreendido.

---

[40] "Ela é uma maneira de lidar com o tempo e o espaço, que insere qualquer atividade ou experiência particular dentro da continuidade do passado, presente e futuro, sendo estes por sua vez estruturados por práticas sociais recorrentes. A tradição não é inteiramente estática, porque ela tem que ser reinventada a cada nova geração conforme esta assume sua herança cultural dos precedentes. A tradição não só resiste à mudança como pertence a um contexto no qual há, separados, poucos marcadores temporais e espaciais em cujos termos a mudança pode ter alguma forma significativa" (GIDDENS, 1991, p. 44).

[41] "A era moderna gira primordialmente sob o signo da liberdade subjectiva. Esta realiza-se, na sociedade, sob a forma de um espaço de manobra garantido pelo direito privado para prossecução racional dos interesses próprios; no Estado, enquanto participação — por princípio igual em direitos — na formação da vontade política; no foro privado, sob a forma de autonomia ética e auto-efectivação no domínio público relacionado com esta esfera privada, finalmente, como processo de formação consumado através de apropriação da cultura tornada reflexiva. [...] No entanto, essas mesmas separações e autonomizações que, do ponto de vista da filosofia da história, desbravam caminho para emancipações de dependências ancestrais, são simultaneamente experienciadas como abstracção, como alienação perante a totalidade de um contexto ético de vida" (HABERMAS, 1990, p. 89).

Dessa forma, o ambiente econômico está constantemente sendo alterado à luz desses *inputs*, criando uma situação de contínuo movimento e mutação e envolvimento mútuo entre o discurso econômico e as atividades a que o discurso se refere, ou seja, entre a literatura que é disponibilizada aos economistas e a que é lida ou filtrada para os setores interessados da população. É o que se verifica na tecnoeconomia.

2.3 Tecnoeconomia

As mudanças que experimentamos nas práticas culturais, bem como político-econômicas, decorrem de novas maneiras pelas quais o espírito experimenta o tempo e o espaço, porquanto é possível identificar uma relação entre a ascensão de formas culturais pós-modernas, o aparecimento de modos mais flexíveis de acumulação do capital e um novo ciclo de compreensão do tempo-espaço na organização do capitalismo.

O modernismo universal, geralmente percebido como positivista, tecnocêntrico e racionalista, tem sido identificado como crença no progresso linear, nas verdades absolutas, no planejamento racional de ordens sociais ideais e com a padronização do conhecimento e da produção.

Nesse sentido, os avanços tecnológicos passaram a ser essenciais para o aumento da produtividade. Assim, na economia da informação, a competitividade está diretamente relacionada à capacidade de o agente econômico manter-se informado sobre as inovações tecnológicas que ocorrem no âmbito da dinâmica internacional.

Fundamentalmente, pode-se dizer que o cerne das modificações que ocorrem no sistema social de produção aponta para a centralidade dos mecanismos tecnológicos e de organização, deixando a fabricação à sua margem. Essas modificações no sistema social de produção levam a certo reverenciamento de Schumpeter como novo profeta econômico.

Schumpeter vaticinava que o modo de produção capitalista é marcado pela presença de mudanças descontínuas que alteram para sempre o equilíbrio verificado no fluxo circular. Essas mudanças não podem ser absorvidas no sistema de equilíbrio propugnado pela economia neoclássica,[42] uma vez que representam mudanças nos canais

---

[42] As economias clássica e neoclássica se baseiam em concepção atomizada e subsocializada da ação humana, dando continuidade à tradição utilitarista. Seus argumentos teóricos rejeitam por hipótese todo impacto da estrutura social e das relações sociais sobre a produção, distribuição e o consumo.

do fluxo circular, as quais se caracterizam por serem perturbações do equilíbrio que modificam o estado de equilíbrio precedente.[43]

O ciclo econômico tem início quando o empresário, na busca de lucros extraordinários, recorre ao crédito criado pelo sistema bancário para financiar sua inovação. Caso esta logre, o empresário será recompensado com lucros acima do normal do estado estacionário. Assim, o prevalecente padrão de produção oferece o julgamento para a viabilidade econômica para introdução de uma nova combinação de fatores. Uma vez introduzida a inovação, o padrão existente determina o nível de lucro da produção que se utiliza da inovação.

O processo de difusão da inovação faz com que o lucro se encolha paulatinamente até esgotar o crescimento provocado pela inovação, uma vez que os lucros gerados pela nova combinação de fatores agem como indutor para que outros empreendedores sigam os caminhos trilhados pelo empreendedor inovador. Nesse ponto, o aumento da produção inundou o mercado de forma que os preços começam a cair, destruindo a lucratividade das inovações introduzidas. Ao mesmo tempo, verifica-se uma deflação do crédito, devido ao movimento de esfriamento da atividade econômica, que se traduz em uma queda na procura por crédito para novas inovações e ao pagamento pelos empresários de dívidas (créditos) assumidas no passado. Essa fase de recessão perdurará até que o equilíbrio seja novamente estabelecido e crie as condições para o aparecimento das inovações e de um novo *boom*.

MATRIZ TECNOLÓGICA → ATORES ECONÔMICOS → MARGEM DE LUCRO → CUSTOS FIXOS
DESTRUIÇÃO CRIADORA (INOVAÇÃO: **que rompe com a matriz tecnológica)**
ATOR INOVADOR→ LUCRO DE MONOPÓLIO → IMITAÇÃO → SOCIALIZAÇÃO DA NOVA MATRIZ

INVESTIMENTO → AMORTIZAÇÃO → LUCRO DE MONOPÓLIO → VIDA ÚTIL

Risco	Sucateamento Tecnológico
Abortamento da vida útil de uma patente que é questão-chave para a compreensão da globalização	

---

[43] "The essential point to grasp is that in dealing with capitalism we are dealing with an evolutionary process [...] Capitalism, then, is by nature a form or method of economic change and not only never is but never can be stationary [...] The fundamental impulse that sets and keeps the capitalist engine in motion comes from the new consumers' goods, the new methods of production or transportation, the new markets, the new forms of industrial organization that capitalist enterprise creates" (SCHUMPETER, 1975, p. 82-83).

Tem-se, portanto, uma lógica que favorece a capacidade constante de adaptação e readaptação do capital, no sentido de manter-se atualizado na sua capacidade de atualização tecnológica, visando ao atendimento da demanda seletiva do consumidor, combinada com sua possibilidade de se transformar em capital financeiro. Esta é a *economia evolucionária schumpeteriana*.[44]

A expressão *Destruição Criativa* é adequada para descrever o processo pelo qual informação e tecnologia da comunicação destruíram soluções tecnológicas prévias e eliminaram velhas companhias para deixar campo para novas. Portanto, entender o conceito de *Destruição Criativa*, em sua origem e evolução, torna-se fundamental para compreender a economia evolucionária schumpeteriana.[45]

A origem desse conceito encontra-se na filosofia indiana,[46] que penetra a cultura ocidental por meio da tradição filosófica e literatura

---

[44] "The opening up of new markets, foreign or domestic, and the organizational development from the craft shop and factory to such concerns as U. S. Steel illustrate the same process of industrial mutation — if I may use that biological term — that incessantly revolutionizes the economic structure from within, incessantly destroying the old one, incessantly creating a new one. This process of Creative Destruction is the essential fact about capitalism. It is what capitalism consists in and what every capitalist concern has got to live in" (SCHUMPETER, 1975, p. 83).

[45] A ideia de que a criação é algo fundado sobre a destruição do que preexistia é antiga. Os gregos herdaram dos egípcios o mito de Fênix. Fênix tem um ciclo de 500 anos. Perto do fim de seu ciclo, ela constrói um ninho com ramas de cinnamon e o acende com o bater de suas asas, deixando-se, então, queimar junto com o ninho, reduzindo-se a cinzas; das quais, renasce para viver mais um ciclo. No cristianismo medieval, o mito de Fênix simboliza a ressurreição de Cristo, sua imortalidade e vida após a morte; um exemplo de Destruição Criativa. No hinduísmo temos um dos exemplos mais complexo da Destruição Criativa. No centro dessa descrição temos os três deuses do Pantheon: Brahma, o criador; Vishnu, o preservador; e Shiva, o destruidor: Brahma cria o universo; Vishnu protege o que acontece na existência: sua tarefa inclui salvar a humanidade em tempos de necessidade; Shiva, ao seu turno, é o destruidor do universo, fado para poder acarretar sua regeneração. Assim, após Shiva concluir seu trabalho de destruição, Brahma torna a realizar seu trabalho de criação do universo: assim, o ciclo é infinito. Em outras tradições Shiva representa, a um só momento, o criador e o destruidor: nesta potência ele é representado frequentemente como Shiva Nataraja, o Senhor da dança. Sua dança é a dança do universo como interminável movimento da criação para destruição; destruição para criação. Essa é a natureza da incorporação de ambos — criação e destruição — pois um não é possível sem o outro.

[46] "Os artistas indianos dos séculos X e XII representaram a dança cósmica de Shiva em magníficas esculturas de bronze de figuras dançantes com quatro braços, cujos gestos soberbamente equilibrados e, não obstante, dinâmicos expressam o ritmo e a unidade da Vida. Os diversos significados da dança são transmitidos pelos detalhes dessas figuras através de uma complexa alegoria pictórica. A mão direita superior do deus segura um tambor que simboliza o som primordial da criação; a mão esquerda superior sustenta um língua de chama, o elemento da destruição. O equilíbrio das duas mãos representa o equilíbrio dinâmico entre a criação e a destruição no mundo, acentuado ainda mais pela face calma e indiferente do Dançarino no centro das duas mãos, no qual a polaridade entre criação e destruição é dissolvida e transcendida. A segunda mão direita ergue-se num gesto que significa 'não tenha medo', expressando manutenção, proteção e paz; por sua vez, a mão esquerda remanescente aponta para baixo, para o p[e erguido e que simboliza a libertação

alemãs. Essa é a tese defendida por Reinert & Reinert. Para eles, o conceito da *Destruição Criativa* foi incorporado às ciências econômicas por Werner Sombart por meio da absorção da filosofia de Nietzsche, que, por sua vez, utilizava-se do conceito de *Destruição Criativa* para atingir o objetivo de regenerar a cultura ocidental, em seu ataque às decadentes instituições e tradição filosófica.[47]

Nietzsche, percebendo tanto a impossibilidade de basear um moderno sistema moral sobre Deus, quanto o iminente perigo representado pelo niilismo,[48] procura fixar uma alternativa, a qual é representada pela imanente moralidade do "Super-Homem" (*Ubermensch*). Assim, a fim de criar essa nova moralidade, Nietzsche precisa destruir a antiga moralidade transcendente: a nova moralidade do Super-Homem precisa, literalmente, ser erguida sobre as ruínas da antiga.

Dessa forma, podemos arguir que essa nova moralidade é baseada sobre o conceito de *Destruição Criativa*, na medida em que demanda de cada homem individualmente considerado a inscrição de sua própria tábua de valores, destruindo, de conseguinte, as tábuas antigas. Por isso, Zaratustra constitui, simultaneamente, tanto uma meditação sobre a *Destruição Criativa*, uma vez que esta apresenta a nova *moralidade de inovação*, quanto prático exemplo da mesma; porquanto, ataca a existente moralidade e procura substituí-la por essa nova moralidade.

É isso que explica por que Nietzsche, ao levar sua *Destruição Criativa* e seu Super-Homem para o contexto social, faz que com esses adquiram dimensões heroicas e novos vocabulários. Aliás, são esses, de fato, os principais elementos caracterizadores da economia schumpeteriana: o empreendedor, ou seja, o instigador de mudanças, com seu "desejo de poder", e a *Destruição Criativa* que perfazem verdadeiras criaturas nietzschianas.

Outro aspecto importante da *Destruição Criativa* é que ela se relaciona com uma particular visão histórica que se remete ao tempo

---

da fascinação de Maya. O deus é representado dançando sobre o corpo de um demônio, símbolo da ignorância do homem e que deve ser conquistado antes que seja alcança a libertação" (CAPRA, 2006, p. 183-184).

[47] "Behind the contemporary highly fashionable Schumpeterian and evolutionary economics towers Nietzsche, his Übermensch entrepreneur and his creative destruction" (REINERT; REINERT, 2006, p. 76).

[48] Segundo Abbagnano (1982, p. 682), niilismo trata-se de "termo usado mais frequentemente com intento polêmico para indicar doutrinas que se recusam a reconhecer realidades ou valores cuja admissão se julga importante [...]. Somente Nietzsche fez um uso não polêmico do termo, servindo-se dele para qualificar sua oposição radical aos valores morais tradicionais e às tradicionais crenças metafísicas".

mitológico, como o pássaro Fênix, com seu ciclo de 500 anos. Assim, a *Destruição Criativa* lida com o tempo cíclico, ao invés do tempo linear dos padrões históricos: um exemplo disso constitui os *clustering of innovations* schumpeterianos como causa básica dos ciclos empresariais/ econômicos.[49]

Em *Assim falou Zaratustra* encontramos o principal e mais consistente trabalho de Nietzsche na tentativa de apresentar uma alternativa à decadente moralidade cristã. Para Zaratustra, Criação e Destruição são inseparáveis: o criador precisa, sempre, destruir. Dessa forma, torna-se axiomático que toda nova criação é precedida, sempre, pela destruição do velho, das formas existentes.[50]

O empresário schumpeteriano assume uma posição de líder, mas não na concepção habitual, e sim no sentido de que supera todas as forças contrárias ao novo. Indo contra a lógica do fluxo circular, ele introduz as inovações. Sua conduta provém do desejo de criar, conquistar, de exercitar a engenhosidade. Esse comportamento assumido pelo empreendedor schumpeteriano é que endogeniza a inovação no modelo.[51]

O Desejo de Poder, de tornar a vida realizadora; essa é a força dinâmica que procura incessantemente criar e se superar: "E eis o segredo que a vida me confiou: — 'Vê' — disse-me ela — 'eu sou aquela que deve sempre superar-se a si mesma'" (NIETZSCHE, 2008, p. 158).

São, no sentido desenvolvido neste trabalho, o conhecimento e a inovação as forças dinâmicas que devem impulsionar o ciclo de desenvolvimento, transformando-se, pois, em instrumentos para a criação futura. Assim, o Desejo de Poder não pode ser confundido com o mero desejo de dominação sobre os outros, uma vez que mais que um conceito social, ele é uma medida de saúde da alma humana. No processo criativo, entre outras coisas, o Desejo de Poder dirige-se à própria criação (e recriação) do eu. Torna-se, dessa forma, o Desejo de

---

[49] "Sombart finds that what social sciences can learn from the natural sciences in terms of the return of identical (or presumably also similar) situations, i. e. the cyclicality of history" (REINERT; REINERT, 2006, p. 63, 73).

[50] "Creation in thus inseparable from destruction. This relationship exists only in one direction and does note function when reversed. Denies does not imply affirmation, destruction itself does not lead to creation; this to Nietzsche is the of the anarchist or the nihilist. Following the allegory of the three transformations, these two qualities or processes — creation and destruction — are personified in the recurrent textual figure of Der Edle, the 'noble man' who embodies Zarathustra's moral and spiritual ideals" (REINERT; REINERT, 2006, p. 64).

[51] "We use de entrepreneur in anew light as the agency that destroy existing patterns of understanding by establishing new patterns of economic knowledge" (HARVEY; METCALFE. Disponível em: <http://philo.at/wiki_stuff/bw/polyani_schumpeter_amrket.pdf>).

Poder a força motriz atrás de todo processo de mudança, progresso e evolução, tanto individual, quanto social.

É nesse sentido que Nietzsche afirma ser a ciência a mais definida forma de Desejo de Poder. O Desejo de Poder é o desejo de criar e, consequentemente, a força diretriz do desenvolvimento econômico. Sombart usa, pois, a teoria de Nietzsche para afirmar que o conhecimento possibilitado pela ciência deve servir a vida.[52]

Contudo, quando o Desejo de Poder enfraquece, tornando-se inábil para superar a si mesmo, ocorre a estagnação. A maré se reverte e chega-se ao niilismo, que é o sintoma da alma decadente, cuja melhor expressão é o espírito asceta voltado para si mesmo, para sua preservação e para a negação dos desejos e dos prazeres.[53]

A degenerescência do Desejo de Poder ocorre quando o homem sem esperança, enfraquecido, perde-se em sua liberdade destituída de sentido e, desacoplando a destruição da criação, fomenta o potencial destrutivo do Desejo de Poder, ou seja, há a destruição sem criação. Assim, a liberdade que foi conquistada pelo homem e que constitui atributo capaz de libertá-lo da prisão das contingências e dos medos, a se ver carente de sentido, não possibilita levá-lo para o além do homem, não possibilita, pois, o desenvolvimento pessoal e social.[54]

A degenerescência do Desejo de Poder pode ser verificada no atual movimento de integração internacional dos mercados, principalmente na sua vertente financeira, em que o termo "inovação" passa a ser utilizado para designar simples ausência de regulamentação, eliminação de regras e liberdade de fluxo financeiro.[55]

Tal disfuncionalidade, em que os Estados não conseguem criar mecanismos de coordenação econômica, exemplifica o niilismo do

---

[52] "But science, and above all the social sciences, should 'serve life'. This is the demand that anyone will make today, after Nietzsche's admonition a couple of generations ago, which we all in the depth our souls consider justified, more so toady than ever. We want no armchair erudition, no padding of petty antiquities, no dead knowledge" (SOMBART *apud* REINERT; REINERT, 2006, p. 73).

[53] "Creation demands destruction, and it is here that the capacity for extremes is and it's most important: in the noble man the capacity for creation is mirrored by an equivalent potential for destruction. Driven as he is, he will never stop to indifference: the risk is that if he cannot create he will turn to nihilism, destroying ference: the risk is that if he cannot create he will turn to nihilism, destroying without creating [...]" (REINERT; REINERT, 2006, p. 64).

[54] Interessante, neste ponto, a Tese IX de Walter Benjamin (em *Sobre o conceito de história*), *supra*.

[55] "La globalizzazione non è senza precedenti. Il mercato ha cambiato scala altre volte, in passato, in uma storia di espansione che è stata anche uma storia di 'salti' (in primo luogo normativi), in alcune occasioni traumatici. Ma finora, appunto, alla nascita di uma situazione economica nuova si accompagnava quella di um nuovo diritto, mentre ora accade esattamente il contrario: alla distruzion dell'ordine preesistente sembra non far seguito nulla" (ROSSI, 2006, p. 61).

homem contemporâneo, que, ao abrir mão de sua possibilidade criadora e reguladora do porvir, destrói as estruturas existentes sem substituí-las por outras, deixando-se conduzir pela lógica tecnoeconômica.

Tem-se, pois, a vida humana determinada pelas "necessidades" do mercado: "O espírito é também voluptuosidade" — diziam — "E quebram as asas do seu espírito; agora se arrastam aqui, manchando tudo o que roem. Outrora pensavam fazer-se heróis; agora são gozadores. O herói é para eles aflição e espanto" (NIETZSCHE, 2008, p. 64).

A tecnoeconomia, na efetivação de seu desejo de poder e expansão dos espaços de atuação, requer novos arranjos institucionais e organizações produtivas que implicam a necessidade de um direito próprio aos seus desígnios: o tecnodireito.

Mas, antes, se faz necessário verificar como a tecnoeconomia acompanhou e fomentou as mudanças do sistema social de produção e o consequente emaranhamento institucional global.

2.4 Erosão do Fordismo

Após a II Grande Guerra, os governos desenvolveram genuínas formas institucionais concernentes à organização e remuneração do trabalho, regime de acumulação e competição oligopolística, bem como modos de supervisão e regulamentação estatal.

Esse período da história, caracterizado pelo sistema social de produção do Fordismo (SSPF), demonstrou que os mercados são eficientes não apenas quando eles são utilizados e conduzidos de acordo com políticas ou objetivos sociais claros, mas também quando eles são contidos e domesticados por uma variedade de instituições sociais e políticas.

Apesar de suas diferentes variações nacionais, essas formas vêm sendo discutidas como políticas do Fordismo, com o acatamento de instituições regulatórias enraizadas no nível central dos Estados-Nação. Assim, determinado sistema de produção social vigente em um país não significa, necessariamente, homogeneidade em termos espaciais, revelando que os mercados tornam-se *enraizados* nas instituições políticas e sociais, seja no nível nacional, seja no nível regional das sociedades.[56]

---

[56] Conforme Michel & Rangel (1994, p. 7): "o compromisso fordista tentava compatibilizar uma produção de massa com consumo de massa. E, para que tal compromisso fosse aceito e respeitado pelos diversos atores sociais, foi de fundamental importância a estruturação do Welfare State, com a responsabilidade não só de fazer cumprir o 'compromisso fordista', mas também com a tarefa de garantir o equilíbrio macroeconômico entre oferta e demanda, evitando, assim, a possibilidade de novas crises de superprodução".

A compreensão desse *enraizamento* importa na medida em que induz à necessidade de reflexões que permitam evitar que a sociedade e o homem se tornem instrumentos do mercado.

Polanyi[57] já nos advertia sobre esse perigo, isto é, de uma sociedade instrumentada pelo mercado; segundo ele, as ações econômicas tornam-se destrutivas quando estão *desenraizadas* ou não governadas pela sociedade ou autoridades. Argumenta, ainda, que o grande problema do capitalismo é que ao invés de se ter a sociedade decidindo sobre a economia, tem-se a economia decidindo sobre a sociedade. Assim, ao invés de termos o sistema econômico enraizado em relações sociais, são essas mesmas relações sociais que estão enraizadas no sistema econômico.

Explicando melhor, se, de um lado, os mecanismos de mercado proporcionam uma rápida reação aos desequilíbrios econômicos, propiciando ofertas e demandas para uma ampla gama de produtos por meio de alocação eficiente das escassas fontes entre as alternativas em uso, por outro lado o mesmo processo pode provocar grandes desequilíbrios macroeconômicos no uso do trabalho e de equipamentos existentes.

Portanto, ajustamentos muito rápidos podem levar o sistema econômico ao colapso, como grandes instabilidades financeiras e desemprego em massa. Logo, algum grau de conformidade com o mercado pode ser bom para as sociedades, mas excessiva regulação pelo mercado pode tornar-se destrutiva tanto para a eficiência econômica quanto para a justiça social.

Nesse sentido, Polanyi afirmava que excesso de mercado pode levar à instabilidade, afirmação comprovada nos próprios países industrialmente avançados, cuja suplantação do colapso econômico do entreguerras somente se tornou factível por meio do controle e regulação dos mercados, não com uma cega obediência a uma mítica eficiência de mercado, porquanto a primazia política depois da segunda guerra proporcionou significantes mudanças no controle monetário e creditício, nas relações industriais, nas infraestruturas públicas e na educação. Dessa forma, o Estado fez um redesenho das formas institucionais básicas das modernas sociedades.

---

[57] Polanyi (1957, p. 57): "The market pattern, [...] being related to a peculiar motive of its own, the motive of truck or barter, is capable of creating a specific institution, namely, the market. Ultimately, that is why the control of the economic system by the market is of overwhelming consequence to the whole organization of society: it means no less than the running of society as an adjunct to the market. Instead of economy being embedded in social relations, social relations are embedded in the economic system".

O que há de especial no Fordismo é o reconhecimento explícito de que produção em massa significava consumo de massa. Instaurava-se, assim, um novo sistema de reprodução da força de trabalho — nova política de gerência e controle do trabalho — que culminaria em uma sociedade: democrática, racionalizada, modernista e populista.

Nesse sentido, os novos métodos de trabalho aplicados à produção representariam um novo modo específico de viver, pensar e sentir a vida.

De igual modo, a mobilização subsequente à Primeira Grande Guerra provocou o planejamento em larga escala, apesar de resistências de trabalhadores à produção em linha de montagem e temores capitalistas de controle centralizado. Contudo, tais resistências e temores sucumbiram ante a necessidade de racionalizações que fomentassem a eficiência requisitada por um período de total esforço para a guerra.

Nesse sentido, afloraram respostas, tanto à esquerda quanto à direita, para o que deveria ser o planejamento estatal racionalizado para a solução dos males capitalistas.

Nesse contexto, verificou-se, no espaço dos Estados-nacionais, a busca por arranjos institucionais, políticos e sociais que pudessem suportar a incapacidade de o capitalismo regulamentar as condições essenciais à sua própria reprodução sociometabólica.

Essa configuração institucional só veio a ser densificada após 1945, período que viu o Fordismo instalar-se como regime de acumulação plenamente acabado e específico e que perdurou como base para o longo período de expansão pós-guerra com suas características essenciais até 1973.

Seguida à consolidação do Fordismo, temos sua expansão a partir de sua aliança com o pensamento keynesiano, que permitiu ao sistema fordista espalhar-se e formar uma rede de alcance internacional. Verificar-se-á, a seguir, seu desenvolvimento e, para não dizer declínio, a erosão de seu prestígio na formulação de arranjos institucionais.

O pós-guerra viu o crescimento de indústrias que provieram dos entreguerras fortemente baseado em novas tecnologias, que lhes permitiu ampliar significativamente seus níveis de racionalização, ao mesmo tempo em que assistiu sua concentração em uma série de regiões de grande produção mundial: o meio oeste dos Estados Unidos, a região do Ruhr-Reno, as terras médias do Oeste da Grã-Bretanha e a região de produção de Tóquio-Iocoama.

Esse crescimento industrial baseava-se em duas colunas: i) a primeira era formada por forças de trabalho privilegiadas dessas regiões, que também constituíam núcleos de demanda efetiva em rápida expansão; ii) a segunda baseava-se na reconstrução nacional patrocinada pelos Estados e no desenvolvimento de infraestrutura dentro e fora do sistema capitalista avançado.

Esses núcleos de demanda efetiva, coordenados por centros financeiros interconectados, tendo como centro os Estados Unidos, diga-se Nova Iorque, absorviam grande quantidade de matéria-prima do resto do mundo não comunista e buscavam dominar um "mercado mundial de massa crescentemente homogêneo com seus produtos" (HARVEY, 1992, p. 125).

Esse crescimento sistêmico fantástico do pós-guerra foi possível a partir de uma série de compromissos e reposicionamentos que gerou um equilíbrio de poder tênue, mas firme, entre os principais atores do desenvolvimento capitalista: i) O ESTADO teve de assumir novos papéis (keynesianos) e construir e constituir novos poderes e arranjos institucionais; ii) O CAPITAL CORPORATIVO teve de conceder arranjos sociais e institucionais para continuar no caminho da lucratividade segura; O TRABALHO ORGANIZADO teve de assumir novos papéis e funções relacionados ao desempenho nos mercados de trabalho e nos processos de produção.

Assim, as organizações sindicais, cada vez mais burocratizadas, tornam-se acuadas e acabam por trocar ganhos salariais por cooperação na disciplinação dos trabalhadores, para atender os requisitos do sistema fordista de produção.

As grandes corporações, ao seu turno, tinham por função assegurar o crescimento sustentado de investimentos que aumentassem a produtividade e, simultaneamente, garantir a elevação do padrão de vida e manter uma base estável para a realização dos lucros.

Ao Estado caberia o papel de combinar políticas fiscais e monetárias essenciais aos controles dos ciclos econômicos, uma vez que os investimentos em capital fixo para produção em massa exigiam condições de demandas relativamente estáveis para que fossem lucrativos.

Assim, o investimento público era dirigido para setores essenciais ao crescimento da produção e do consumo de massa e para mecanismos de sustentação social, o que garantia estabilidade social e acabava por garantir níveis de pleno emprego.

A expansão internacional do Fordismo decorreu da necessidade de as corporações norte-americanas procurarem novos mercados em função dos limites apresentados pela demanda efetiva interna, expansão que tomou impulso após 1945, permitindo que o excedente da capacidade produtiva dos Estados Unidos fosse absorvido pelo resto do mundo. Isso, em síntese, significou a formação de uma nova estrutura econômica composta por mercados de massa globais e a absorção da população mundial — fora do mundo comunista — à dinâmica global de um novo tipo de capitalismo.

Essa estrutura econômica foi construída sob a guarida do poder econômico e financeiro dos EUA. Nesse contexto, explica-se o acordo de Bretton Woods, de 1944, que adotou o dólar americano como moeda-reserva mundial e, consequentemente, vinculou firmemente o desenvolvimento econômico global à política fiscal e monetária dos Estados Unidos. Assim, os Estados Unidos passaram a agir como banqueiros do mundo. Em troca, recebiam abertura dos mercados de capital e de mercadorias ao poder econômico de suas grandes corporações.

Nessas condições, pode-se dizer que a expansão internacional do Fordismo ocorria de modo não uniforme sobre a constelação das nações, na medida em que cada Estado, isoladamente considerado, procurava, ao seu próprio modo, desenvolver seus arranjos institucionais, administrar as relações de trabalho, promover sua política fiscal e monetária, sistemas de estabilização de conflitos sociais e projetos de investimentos públicos.

Tais políticas nacionais foram realizadas sob duas condicionantes: i) uma interna, relacionada às relações de classe; ii) outra externa, relacionada à sua posição hierárquica na economia mundial e à taxa de câmbio de sua moeda em face do dólar americano. Essa é, pois, a conjuntura particular de regulamentação político-econômica mundial e de configuração geopolítica de domínio norte-americano sob a qual se deu a expansão internacional do Fordismo.

Ressalta-se, entretanto, que essa expansão internacional do Fordismo foi desigual, porquanto a negociação de ganhos salariais ficou restrita a determinados setores econômicos e a específicos Estados, nos quais o crescimento estável da demanda podia ser acompanhado por investimento em larga escala na tecnologia de produção em massa. Consequentemente, amplo segmento do contingente de trabalhadores foi excluído do acesso ao trabalho privilegiado da produção de massa e, consequentemente, ao consumo de massa.

Tratava-se, é claro, de sistema que expandia em conjunto com uma insatisfação latente, que era administrada pelos diversos Estados nacionais.

> No mínimo, o Estado tinha de tentar garantir alguma espécie de salário social adequado para todos ou engajar-se em políticas redistributivas ou ações legais que remediassem ativamente as desigualdades, combatessem o relativo empobrecimento e a exclusão das minorias. A

legitimação do poder do Estado dependia cada vez mais da capacidade de levar os benefícios do Fordismo a todos e de encontrar meios de oferecer assistência médica, habitação e sérvios educacionais adequados em larga escala, mas de modo humano e atencioso. (HARVEY, 1992, p. 133)

Os fracassos quantitativos no oferecimento dessas comodidades pelos Estados geraram crescentes críticas, uma vez que o fornecimento desses bens coletivos apenas se mostrava factível para os Estados keynesianos do bem-estar social se fosse acompanhado por uma contínua aceleração da produtividade do trabalho no setor corporativo, condição que o tornava fiscalmente viável.

Pode-se dizer que esse processo de expansão e consolidação global do Fordismo sustentou-se enquanto os padrões materiais de vida para a massa da população nos países capitalistas avançados elevavam-se e o ambiente favorável à realização dos lucros corporativos estava garantido — situação que começou a ruir com a grande recessão de 1973, quando um processo de transição do regime de acumulação teve início.

Contudo, o sucesso do modelo de regulação apresentado pelo Fordismo foi desafiado por mecanismos de desestabilização que operaram a partir de 1970 e que levaram à prevalência de mecanismos de mercado ao lado da dissolução das instituições nacionais e regionais em que os mercados se encontravam enraizados, dissolução explicada, em parte, pela crise de lucratividade dos países do primeiro mundo em função da intensificação mundial das pressões competitivas sobre as empresas, em geral impulsionadas por um Keynesianismo global aliado a uma inflação fomentada pelas receitas de petróleo depositadas em bancos ocidentais e mercados financeiros "extraterritoriais" (paraísos fiscais).

Em meados da década de 1960, começam a aparecer os primeiros sintomas do esgotamento do Fordismo, enquanto sistema de produção. Nesse período, o mundo experimentava a recuperação econômica do Japão e da Europa ocidental, que tinham saído destroçados da Segunda Grande Guerra, e, em função disso, buscavam novos mercados para seus excedentes, uma vez que os limites de seus respectivos mercados internos já se encontravam saturados. Ao mesmo tempo, nos EUA, onde já havia um perceptível enfraquecimento da demanda interna, a compensação se dava por meio de políticas intensas de combate à pobreza e gastos militares maciços, efetivados na Guerra do Vietnã.

Contudo, esse movimento marcou o início dos problemas fiscais norte-americanos, uma vez que a expansão monetária, realizada para sustentar os crescentes gastos públicos, solapou o papel do dólar como papel-moeda internacional estável. Outrossim, pode-se dizer que o surgimento do mercado de eurodólar, somado à contração do crédito nos anos de 1966 e 1967, foi a sinalização primeva do declínio do poder norte-americano na regulamentação do sistema financeiro internacional.

Nesse mesmo período, tem-se a intensificação do processo conhecido como *substituição das importações*, que ocorreu em muitos países do terceiro mundo, especialmente na América Latina, com ênfase no caso brasileiro, acompanhado do primeiro grande movimento de multinacionais rumo à manufatura no estrangeiro. Esse último movimento gera uma *onda de industrialização fordista competitiva* em ambientes e condições totalmente novos, em que os contratos de trabalho não tinham as forças das regiões tradicionais da industrialização inicial.

A partir desse momento, temos a intensificação da competição internacional entre os diversos Estados nacionais, principalmente com o voraz apetite da Europa ocidental e do Japão por novos mercados que absorvessem o excesso não consumido por sua demanda interna. Além disso, um conjunto de países recém-industrializados também entrava no jogo, desafiando, portanto, a consolidada hegemonia norte-americana no âmbito do Fordismo, fazendo, com isso, cair por terra o acordo de Bretton Woods e acelerando o processo de desvalorização do dólar.[58]

Assim, no período que vai de 1965 a 1973, ficou assinalada a incapacidade do Fordismo e do Keynesianismo de lidar com as contradições inerentes do capitalismo. Incapacidade que advinha da *rigidez* das estruturas com que tais sistemas trabalhavam:

I. rigidez dos investimentos de capital fixo de larga escala e longo prazo nos sistemas de produção em massa, que determinava o baixo grau de flexibilidade do planejamento e presumia, de forma contraditória, crescimento estável em mercado de consumo invariante;

II. rigidez nos mercados, na alocação e nos contratos de trabalho;

III. rigidez dos compromissos do Estado, que aumentavam à medida que ampliavam os programas assistenciais com intuito de manterem a legitimidade, em momento em que a rigidez da produção restringia as bases para expansão dos gastos públicos.

---

[58] "A partir de então, taxas de câmbio flutuantes e, muitas vezes, sobremodo voláteis substituíram as taxas fixas de expansão do pós-guerra" (HARVEY, 2005, p. 135).

Diante desse quadro, o único instrumento que restava para lidar com a rigidez do sistema estava na flexibilização da política monetária, ou seja, na capacidade de imprimir papel-moeda no montante que fosse necessário para manter a estabilidade econômica. Consequências dessa expansão monetária: expansão inflacionária que ruiu as bases do sistema do pós-guerra.

Os esforços para, após 1973, estancar a inflação mundial acabaram por expor a capacidade excedente da economia global, que levou, consequentemente, à crise mundial dos mercados imobiliários e dificuldades no sistema financeiro.

Contribuindo ativamente para agravamento da crise global, deve ser considerada a crise do petróleo de 1973, episódio marcado pela decisão da OPEP de aumentar o preço do barril de petróleo e pela decisão árabe de embargar o envio de petróleo para o ocidente durante o conflito árabe-israelense no mesmo ano. Essas decisões tiveram consequências inimagináveis, tal como aumentar o custo dos insumos da matriz energética de maneira surpreendente, o que provocou a necessidade de inovações tecnológicas com vistas à economia energética.

Por sua vez, a alta súbita do preço do petróleo acabou por gerar os famosos petrodólares — divisas em dólar acumuladas por países exportadores e com pequena densidade populacional. A reciclagem desse excedente em moeda americana exacerbou o problema da instabilidade financeira mundial. Assim, houve forte crise fiscal e de legitimação dos governos estatais, uma vez que deflação mundial nos anos de 1973 a 1975 demonstrou que as finanças estatais estavam aquém de suas necessidades. Além disso, no início dos anos 70 houve uma maciça ampliação da liquidez mundial, a qual foi direcionada, como crédito fácil, para os países do terceiro mundo, situação que fomentou o endividamento desses países, com enormes consequências posteriores na sua capacidade interna de gerir seus problemas e programar seus projetos de desenvolvimento de forma autônoma.

Contudo, o fluxo do dinheiro e crédito fácil não durou muito, uma vez que a desaceleração do comércio internacional e da produção mundial, a partir do primeiro choque do petróleo em 1973, fez piorar os termos de troca internacional dos países do terceiro mundo que não dispunham dessa *commodity*: tem-se, aí, o surgimento da conta petróleo, em que os países importadores, para fazer frente às suas necessidades de dólar para seu pagamento, buscam criar estratégias para ampliar suas exportações, o que provoca, como uma de suas consequências, o aprofundamento da internacionalização da economia mundial.

No mesmo período, os Estados Unidos viram, de certo modo, diminuir sua hegemonia (revolução iraniana; invasão soviética no Afeganistão; elevação dos preços do petróleo; diminuição na confiança do dólar). Essa foi uma das razões da mudança da política econômica norte-americana — principalmente no governo Reagan —, com fortes reflexos no cenário internacional: contração da oferta da moeda; juros mais altos; liberdade de ação irrestrita para a iniciativa privada.

A partir dessa mudança na política econômica norte-americana, o fluxo de capital tomou o sentido inverso, ou seja, a nação americana passaria de uma posição de provedora de liquidez mundial a competidora voraz por esses mesmos recursos, os quais serviram, e ainda servem, para financiar seus déficits comerciais e de transações correntes de sua balança de pagamentos.

Consequência imediata para toda a economia global: aumento dos juros reais em todo o mundo e grande inversão até hoje sentida do fluxo global de capitais. Essa foi uma inversão de proporções históricas, que refletiu na extraordinária capacidade absoluta e relativa da economia política norte-americana de atrair capitais do mundo inteiro. É provável que esse tenha sido o fator determinante de maior importância na inversão contemporânea do destino econômico da América do Norte e da bifurcação do destino econômico das regiões do terceiro mundo. Afinal, o redirecionamento do fluxo de capital para os Estados Unidos reinflacionou a demanda efetiva e o investimento no país, enquanto deflacionava no resto do mundo.

Segundo Arighi,

> os Estados Unidos, que nas décadas de 1950 e 1960 tinham sido a principal fonte mundial de liquidez e investimentos direto, tornaram-se, nos anos 1980, a maior nação devedora do mundo e, de longe, o maior receptor de capital estrangeiro [...]. Em consequência dessa escalada de déficits norte-americanos, a exportação de capital de 46,8 bilhões de dólares dos países do G7 na década de 1970 (medida por seus superávits consolidados de transações correntes no período 1970-79) transformou-se num ingresso de capitais de 347,4 bilhões em 1980-89 e de 318,3 bilhões em 1990-1999. (ARRIGHI, 2006, p. 47)

É essa, pois, a explicação para o fenômeno percebido, principalmente, após a crise mexicana de 1982, em que se nota o esgotamento do fluxo de capitais em direção ao terceiro mundo e, consequentemente, seu redirecionamento rumo aos Estados Unidos.

Assim, apesar da difusão da política fordista, a emersão de inovações financeiras retirou a força e a legitimidade dos países para fortes regulamentações financeiras e monetárias. Além disso, nos fins dos anos 70 várias economias nacionais entraram em forte competição internacional, criando excessiva capacidade e terríveis guerras protecionistas. Os sistemas nacionais de produção, que passaram de inicialmente altamente independentes para complementares, tornam-se, cada vez mais, competitivos uns com outros em nível internacional.

Da mesma forma, o processo de transferência garantido pelo *Welfare State* encontrava seus limites na própria incapacidade de financiamento de seus benefícios, porquanto a crise de realização do capital tem como consequência o declínio das taxas de financiamento dos gastos públicos. Além disso, houve também crescimento da dificuldade de o sistema social de produção de cada país lidar com os conflitos decorrentes da disciplina trabalhista, das emergentes instabilidades financeiras, e, em alguns casos, da perda da eficiência nas políticas contracíclicas keynesianas, que criava déficits públicos, e perda de confiança na capacidade dos governos nacionais monitorarem as atividades macroeconômicas:

> As bases do compromisso fordista ficam ameaçadas, na medida em que, se em algum instante foi possível, através das políticas estatais, determinar formas de controle sobre demanda e processo de produção em uma economia globalizada, começa a ser percebida (fenômeno que vai caracterizar a chamada nova ordem internacional) a incapacidade dos Estados nacionais de preservar algum nível de interferência sobre a lógica de reprodução do grande capital. (MICHEL; RANGEL, 1994, p. 10)

Além disso, a distribuição da atividade econômica no espaço dos Estados nacionais e entre os países modificou-se profundamente: capitais acumulados, uma vez investidos, levam aos países periféricos novas tecnologias e métodos de produção que asseguram a vinculação comercial e financeira pela sistematização de fluxos privados que já superam as normas estatutárias operacionais dos organismos assistenciais de *Bretton Woods*. Salienta-se que, em referidos fluxos mundiais de investimentos, há movimentação instantânea de recursos trilionários que escapam à regulamentação institucional de governos e dos organismos multinacionais financeiros.

Tais alterações na estrutura econômica abalaram as formas institucionais de regulação erigidas no período do pós-guerra, tornando-as erodidas ou ultrapassadas: as estratégias das multinacionais, a perda das forças de sindicatos em alguns países e a aproximação política dos keynesianos ortodoxos em relação aos neoclássicos inspiraram políticas conservadoras, desafiando a ideia de que os mercados devem ser moldados e contidos.

Em consequência, as décadas de 70 e 80 foram marcadas por serem períodos de forte reestruturação econômica e de reajustamento social e político. Nesse espaço, novas experiências foram realizadas no campo da organização industrial e política que podem ser sintetizadas no que Harvey (2005, p. 140) chama de novo *regime de acumulação flexível*, associado a um novo sistema de regulamentação social e político que se confronta diretamente à rigidez do padrão fordista.

Assim, a economia de escala buscada pelo padrão fordista de massa foi substituída pela crescente capacidade de uma variedade de bens e preços baixos em pequenos lotes, de modo a superar a rigidez do sistema anterior e atender uma ampla gama de necessidades do mercado, inclusive as rapidamente cambiáveis. Por isso, a estética estável do Fordismo cede lugar à efemeridade da estética pós-moderna, que celebra a diferença, o espetáculo e a mercadificação de formas culturais.

No mesmo sentido, a necessidade de acelerar o giro do consumo provoca a mudança de ênfase da produção de bens para a produção de eventos, como espetáculos, que têm um tempo de giro quase instantâneo, o que leva à valorização do empreendedorismo inovador e estimula os atavios da tomada de decisões rápidas, eficientes e bem-fundamentadas.

Há, na verdade, uma centralização implosiva, em que a organização e coesão sistêmica ocorrem por força de dois movimentos distintos:
I. as informações precisas e atualizadas tornaram-se mercadorias valorizadas e o acesso a elas, bem como seu controle e capacidade de seu processamento e análise instantâneos são requisitos essenciais à coordenação centralizada de interesses corporativos descentralizados;
II. a completa reorganização do sistema financeiro global e a eclosão de poderes privados amplos de coordenação financeira internacional. Nesse sentido, houve também um movimento dialético: por um lado, a formação de conglomerados e corretores financeiros com extraordinário poder global; por outro, a alucinante proliferação e descentralização de atividades e fluxos financeiros por meio de criação de instrumentos e mercados financeiros totalmente novos.

Assim, a estrutura do sistema financeiro global assumiu nível de complexidade jamais visto, fazendo mesmo desaparecer os traços distintivos entre bancos, corretoras, serviços financeiros, financiamento habitacional, crédito ao consumidor etc. Simultaneamente, ocorreu um movimento, elevado em termos quantitativos e veloz em termos temporais, de inovação dos mecanismos e instrumentos financeiros com desenvolvimento de mercados futuros de mercadorias, de ações, de moedas ou dívidas e seus respectivos derivativos.[59]

A difusão de tais inovações financeiras faz com que os operadores no mercado mobiliário incorporem, ao menos virtualmente, a economia futura ao tempo presente. As consequências tornam-se inadministráveis para os padrões regulatórios e arranjos institucionais contemporâneos, porquanto indiferente às restrições de tempo, de espaço e de moeda.

As grandes corporações, por sua vez, têm a necessidade premente de utilizar computadores e meios de comunicação eletrônica que permitam a coordenação internacional instantânea de seus fluxos financeiros. Isso passa a ser designado como *empreendimentismo com papéis*, que significa ênfase corporativa a maneiras alternativas de acumulação de capitais e crescimento que fogem à usual produção pura e simples de bens e serviços e passam por técnicas comerciais e financeiras que vão desde a *contabilidade criativa* à monitoração pormenorizada de mercados internacionais e condições políticas a fim de aproveitar as variações relativas dos valores das moedas ou das taxas de juro que podem chegar ao cúmulo da vigilância corporativa direta e de aquisições e fusões de corporações rivais ou sem nenhuma relação direta com seu ramo de atividade original. Em síntese, o que importa é a obtenção de lucros estritamente financeiros, que prevalece ante a racionalização ou diversificação dos interesses corporativos.[60]

Apesar de não se ter uma única explicação para a crise de 2008, uma fundamental condição para compreensão das condições de sua eclosão está nas inovações financeiras, as quais se baseiam em um conjunto de desregulamentações financeiras, arbitragens especulativas

---

[59] Inclusive, agora, há o denominado High Frequency Trading (HFT), que são, basicamente, operados por computadores de alta tecnologia que utilizam algoritmos em milésimos de segundo para realizar operações em mercado de ações substituindo, em termos, a racionalidade dos agentes humanos nos mercados e erodindo as condições de participação paritárias para os não detentores da mesma tecnologia.

[60] "Over-accumulation or overproduction has been the spectre that has hovered over the global economy since the 1970s. Neoliberal adjustment vis structural adjustment and other contractionary programmes merely worsened the crisis in the 1980s. Globalization and financialisation during the Clinton period appeared to be a successful response in the 1990s as the central capitalist economy, the USA, embarked on an eight-year-long boom. However, they merely added to contradictory pressures that broke out in a chain reaction of financial crises from the mid-1990s onwards that culminated in the recession that inaugurated the Bush administration in 2001" (BELLO, 2006).

e criação de instrumentos de alavancagem de capital que permitiram aos bancos de Wall Street escaparem das limitações regulatórias, expandirem suas atividades e ampliarem seus lucros.[61]

Apenas para se ter uma ideia do tamanho da financeirização da economia, dados de 2006 atestam que o setor financeiro tornou-se o de maior geração de lucros da economia norte-americana, uma vez que aproximadamente 40% dos lucros das corporações americanas foram provenientes do setor financeiro.[62]

A crise foi gerada por essas novas estruturas. Em Londres, esse sistema tinha sua contrapartida na institucionalização da *Financial Services Authorithy*, por Gordon Brown, em 1997, que tinha por propósito operar sobre princípios, em vez de obediência às regras:

> one central principle was that the Wall Street banks could regulate themselves. London thus became for New York something akin to what Guantánamo Bay would become for Washington: the place where you could do abroad what you could not do back home; in this instance, a location for regulatory arbitrage. (GOWAN, 2009)

---

[61] "This type of 'speculative arbitrage' became a central focus, not only for the investment banks but for commercial banks as well. So, too, did the related effort to generate asset-price bubbles. Time and time again, Wall Street could enter a particular market, generate a price bubble within it, make big speculative profits, then withdraw, bursting the bubble.
Such activity was very easy in so-called emerging market economies with small stock or bond markets. The Wall Street banks gained a wealth of experience in blowing such bubbles in the Polish, Czech or Russian stock markets in the 1990s and then bursting them to great profit. The dot.com bubble in the US then showed how the same operation could be carried through in the heartland without any significant loss to the Wall Street banks (as opposed to some European operators, notably insurance companies, eager to profit from the bubble but hit by the burst). Both the Washington regulators and Wall Street evidently believed that together they could manage bursts. This meant there was no need to prevent such bubbles from occurring: on the contrary it is patently obvious that both regulators and operators actively generated them, no doubt believing that one of the ways of managing bursts was to blow another dynamic bubble in another sector: after dot.com, the housing bubble; after that, an energy-price or emerging-market bubble, etc. This may seem to imply a formidably centralized financial power operating at the heart of these markets. Indeed: the New Wall Street System was dominated by just five investment banks, holding over $4 trillion of assets, and able to call upon or move literally trillions more dollars from the institutions behind them, such as the commercial banks, the moneymarket funds, pension funds, and so on. The system was a far cry from the decentralized market with thousands of players, all slavish pricetakers, depicted by neo-classical economics. Indeed, the operational belief systems of what might be called the Greenspan-Rubin-Paulson milieu seems to have been post-Minskian. They understood Minsky's theory of bubbles and blow-outs, but believed that they could use it strategically for blowing bubbles, bursting them, and managing the fall-out by blowing some more" (GOWAN, 2009).

[62] Para Gowan (2009), "all these shifts are grouped under the euphemistic heading of 'financial innovation' — changes in institutional arrangements, products, oversight structures, enabling Wall Street banks to escape regulatory restrictions and expand their activities and profits".

Tal tipo de comportamento dos agentes financeiros globais, principalmente por aqueles baseados em Wall Street e na *City* Londrina, que atuam sobre a máxima do mercado autorregulador, simboliza a estreita correlação existente entre a crise financeira da "subprime" de 2008 e a ausência de limites e controles institucionais do mercado global em face da lacuna de organizações políticas capazes de atuarem no seu balizamento para amortecerem os choques e inverterem as tendências desastrosas.

Rossi afirma que

> Di fatto, il comportamento 'anarchico' dei vari attori há uma causa bem precisa: il bargaining è infatti per definizione *around the law*, intorno Allá legge. Esiste cioè uma realtà che precede la legge, e in qualche caso la ignora. Il caso típico è quello dei cosiddetti *grey market*, termine col quale i giuristi anglosassoni difiniscono tutte quelle situazioni in cui esiste il mercato, ma non il diritto. I *grey market*, in altre parole, vivono tranquillamente (o no) al di fuori delle preoccupazioni di chi dovrebbe, o vorrebbe, regolamentarli. In Italia, ad esempio, il mercato dei *futures* esisteva già quando ancora i giuristi discutevano l'ammissibilità di quel tipo di scambio, per certi versi equiparabile al gioco d'azzardo e alla scommessa. E mentre si ipotizzava la nullità degli scambi, gli investitori su quegli stessi scambi guadagnavano — o perdevano — fortune. (ROSSI, 2006, p. 37)

Isso faz, por conseguinte, ressuscitar o debate sobre o caráter público do sistema financeiro,[63] bem como sobre a necessidade de se forjar um sistema financeiro e monetário internacional baseado na cooperação e controle multilateral das nações, mesmo porque, na inexistência de poderes públicos com legitimidade global, os consumidores nacionais de produtos bancários afetados pelo colapso financeiro de suas instituições creditícias recorrem às suas instituições políticas nacionais, portanto, não globais. Estas, por sua vez, mostram-se inabilitadas para agirem sobre instituições com atuação global.

Assim, por um lado temos a ideologia de mercado atravessando o globo, a intensificação da competição estrangeira, o aumento da sofisticação dos mercados financeiros e a perda da autonomia dos

---

[63] "Whether public or private, banking and credit systems are inherently unstable in any system where output is validated after production, in the market-place. In such circumstances, these systems must be underwritten and controlled by public authorities with tax-raising capacities and currency-printing presses... At present, only states have the capacity to play this role. Rule books like Basel I or II cannot do it; neither can the Eu-Commission or the ECB" (GOWAN, 2009).

Estados nacionais como ameaças para os arranjos institucionais nacionais (tendências manifestadas em direção da internacionalização da economia de cada país individualmente considerado), que têm levado à ideia do surgimento de uma transnacional regra do jogo econômico — GATT, NAFTA, *Maastricht Treaty* etc. —, removendo espaços manipulados pelos Estados nacionais. Por outro, experimenta-se, simultânea e paradoxalmente, a evolução para um novo padrão de produção que aponta para arranjos institucionais especificamente localizados em função de redes que permitem a criação e difusão das inovações, pelo menos para alguns setores manufaturados, movimentos que sugerem dupla formatação do Estado-Nação para amoldar-se tanto aos arranjos institucionais supranacionais quanto ao ressurgimento das sub-regiões econômicas nacionais,[64] as quais provocam novos aninhamentos institucionais.

2.5 Aninhamento institucional

Seguindo-se à crise do Fordismo, tem-se a crise do Estado keynesiano e as consequentes mudanças nos modos de sua intervenção econômica: a crise provocou novas formas de operação das forças políticas, econômicas e sociais como resposta às tendências apontadas pelo esgotamento do padrão do sistema social de produção do Fordismo. Com isso, podemos assistir à cristalização de uma específica forma de Estado preocupado em promover as condições econômicas e extraeconômicas apropriadas para a eclosão de um emergente regime de acumulação Pós-Fordista.

Suas formas distinguíveis e funções estão claramente conectadas com a nova configuração das contradições e dilemas que têm emergido no seio da crise do Fordismo e em direção aos novos paradigmas

---

[64] Para Castells, "uma nova economia surgiu em escala global no último quartel do século XX. Chamo-a de informacional, global e em rede para identificar suas características fundamentais e diferenciadas e enfatizar sua interligação. É informacional porque a produtividade e a competitividade de unidades ou agentes nessa economia (sejam empresas, regiões ou nações) dependem basicamente de sua capacidade de gerar, processar e aplicar de forma eficiente a informação baseada em conhecimentos. É global porque as principais atividades produtivas, o consumo e a circulação, assim como seus componentes (capital, trabalho, matéria-prima, administração, informação, tecnologia e mercados) estão organizados em escala global, diretamente ou mediante uma rede de conexões entre agentes econômicos. É rede porque, nas novas condições históricas, a produtividade é gerada, e a concorrência é feita em uma rede global de interação entre redes empresariais" (CASTELLS, 2008, p. 119).

tecnoeconômicos associados com a emergência de novos sistemas sociais de produção aptos a suplantarem as limitações deste modelo.

Essa conexão deriva das múltiplas tentativas e erros na procura de mecanismos que possam ultrapassar as tendências de crise do Fordismo e seu modo de regulação, bem como fomentar meios para desenvolver algumas diretrizes estratégicas aptas para sobressaírem sobre as falhas da crise estrutural e dos conflitos sociais que dela emergem.

Assim, essa nova forma de Estado, o Estado competitivo, interligada e baseada em conhecimento que suas atividades procuram governar, está ocupando maior espaço na constituição material e discursiva da economia globalizada.

De acordo com Jessop,

> 'competition state' is used here to characterize a state that aims to secure economic growth within its borders and/or to secure competitive advantages for capitals based in its borders, even where they operate abroad, by promoting the economic and extra-economic conditions that are currently deemed vital for success in competition with economic actors and spaces located in other states. (JESSOP, 2002, p. 96)

Importante característica dos Estados competitivos é sua busca, de forma isolada ou em coordenação com outras forças, incluindo outros Estados, para projetar poder além de seus limites territoriais com o intuito de ocuparem espaços relevantes para acumulação do capital e reprodução social. Nesse sentido, os Estados competitivos podem ser levados a exercerem suas estratégias em locais, espaços e escalas específicos e, ainda, diretamente contra competidores específicos, sempre mediados por meio da operação do mercado mundial.

Dessa forma, os Estados competitivos priorizam estratégias para criar, reestruturar ou reforçar — na medida em que forem economicamente e politicamente viáveis — as vantagens competitivas de seu território e população com vistas à construção de ambientes favoráveis aos negócios, instituições sociais e agentes econômicos:

> Just as there are different forms of competition, so too are there different forms of competition state. In relation to its economic policy role, the dominant type that is currently emerging can be described as a Schumpeterian competition state, because of its concern with technological change, innovation and enterprise and its attempt to develop new techniques of government and governance to these ends. (JESSOP, 2002, p. 96)

Isso tudo leva à necessidade de se fazer uma recombinação das instituições econômicas em seus vários níveis espaciais (*e.g.*, regiões subnacionais, nação, Estado e global). Estamos longe dos anos iniciais do pós-guerra, quando as instituições eram nacionalmente enraizadas e seu arranjo permitia previsibilidade e planejamento de ambiciosas estratégias nacionais. Agora, com a passagem dos anos, verifica-se que o enraizamento das instituições econômicas em nível dos Estados-Nação foi incrivelmente erodido, sobretudo em função da busca por ganhos de escala, os quais tornaram os mercados domésticos muito pequenos para as necessidades das firmas que precisavam e precisam competir em plano internacional.

Além disso, diuturnamente, a interação econômica entre as nações amplia consideravelmente e provoca uma indiscutível interdependência. Podemos, pois, dizer que atualmente as economias nacionais estão "emaranhadas" (*nested*) em um conjunto de interdependentes fluxos envolvendo comércio, finanças, tecnologias e regulações. Isso tem criado novos problemas para os Estados-nação. "This perspective about the diffusion of power leads to the speculation that the evolution of capitalist institutions will produce a series of governance modes at various levels of society" (HOLLINGSWORTH; BOYER, 1985, p. 471).

Nesse sentido, pode-se dizer também que os arranjos institucionais que eram congruentes em nível nacional agora estão dispersos em múltiplos níveis espaciais, porquanto o desempenho econômico requer que os atores sejam simultaneamente coordenados em todas as áreas espaciais. Em outras palavras, os atores precisam ser alocados/ aninhados em arranjos institucionais que sejam conectados a todos os níveis da realidade.[65]

Submetido à intervenção de autoridades descoordenadas e mutuamente autônomas, o mundo é repleto de ambivalências: mensagens contraditórias, pressões que apontam em direções contrárias, necessidades que não podem ser satisfeitas sem sacrificar ou colocar em

---

[65] Conforme Hollingsworth e Boyer (1998, p. 475-476): "The nestedness of a complex system of regional, national, continental, and world institutional arrangements into a legacy of national intervention, complemented by sectoral agreements, has been emerging for at least a decade. Nestedness means that subnational regimes, sectoral, national, and international logics are intertwined — with none being dominant — in a two-sided type of causality. For example, decisions in Brussels about economic regulations for the European Union have an increasing impact on the competitiveness of single nation-states, subnational regional dynamics, and the capacity of nation-states to shape their own economic and social policies. At the same time the cohesiveness of national and subnational regional interests of member states plays a role in shaping the regulations designed in Brussels".

perigo outras. Tudo isso exacerba ainda mais o perigo real e o medo de errar, uma vez que estamos perante a ambivalência e confusão contínuas de um mundo em transformação.[66]

A afirmação de mecanismos de mercado que dissolvem as instituições nacionais e regionais em que os mercados encontravam-se enraizados permite, pois, identificar, pelo menos, três fatores em torno dos quais as tendências da crise do Fordismo/Keynesianismo têm se firmado (HOLLINGSWORTH; BOYER, 1985).

Primeiro, o Sistema de Bretton Woods foi muito eficiente na reconstrução da capacidade industrial da Europa e do Japão, invertendo, assim, o fluxo comercial favorável, inicialmente, aos EUA para esses países. Assim, apesar da difusão da política fordista, a emersão de inovações financeiras retirou a força e a legitimidade dos países para fortes regulamentações financeiras e monetárias. Além disso, nos fins dos anos 70, várias economias nacionais entraram em forte competição internacional umas com as outras, criando excessiva capacidade e terríveis guerras protecionistas. Por conseguinte, os sistemas nacionais de produção que eram inicialmente altamente independentes e depois complementares tornaram-se cada vez mais competitivos uns com os outros em nível internacional.

Segundo, o aumento da dificuldade de os sistemas de produção social de cada país lidar, isoladamente, com as crescentes dificuldades de disciplina trabalhista, instabilidades financeiras, e com a perda da eficiência das políticas contracíclicas keynesianas, que levam ao aumento dos déficits públicos e à perda de confiança na capacidade dos governos nacionais monitorarem a atividade macroeconômica. Essas dificuldades propiciaram uma plêiade de reformas dos mecanismos e instituições encarregadas da regulação, as quais foram erigidas no período do pós-guerra, seja em função da perda de forças dos sindicatos em alguns países, seja em função das forças políticas que levaram, de certa forma, os keynesianos ortodoxos ao encontro do pensamento neoclássico, inspirando políticas conservadoras e desafiando a ideia de que os mercados devem ser moldados e contidos.

Terceiro, a distribuição da atividade econômica no espaço dos Estados nacionais e entre os países modificou-se profundamente. Por um

---

[66] Para Gray (1998, p. 194): "A truly global economy is being created by the worldwide spread of new Technologies, not by the spread of free markets. Every economy is being transformed as Technologies are imitated, absorbed and adapted. No country can insulate itself from this wave of creative destruction. And the result is not a universal free market but an anarchy of sovereign states, rival capitalisms and stateless zones".

lado, a crise de emprego de capital intensivo em determinados setores levou a economia a declinar em algumas regiões com forte especialização em automóveis, máquinas e equipamentos e mineração. Esse é um exemplo de crise no enraizamento regional da ordem regulatória do pós-guerra. Por outro lado, a transformação na coordenação em avançadas economias capitalistas provocou novas oportunidades para distritos industriais densamente organizados, particularmente aqueles com alto grau de adaptação industrial e, mais importante, flexibilidade. Assim, o desmantelamento do regime internacional do pós-guerra alterou a distribuição espacial do sistema social de produção.

Esses três fatores em conjunto têm proporcionado a intensificação da competição entre os vários sistemas nacionais de produção e provocado significativas mudanças na divisão do mercado (*market-share*) e emprego entre os diversos países e levado à procura de novas formas de governança. A alegada crise do Fordismo afetou não apenas os modos de *governance-government-governing*, mas também os objetivos e questões últimas da governança social e econômica.[67] Fica, portanto, a questão de quais instituições estão aptas a substituírem a configuração dos regimes regulatórios do pós-guerra e estratégias keynesianas. Além disso, constata-se a necessidade de se fazer uma recombinação das instituições econômicas em seus vários níveis espaciais (*e.g.*, regiões subnacionais, nação, Estado e global), uma vez que estamos longe dos anos 1960, quando as instituições eram intrinsecamente enraizadas, permitindo predicabilidade e, simultaneamente, a viabilização de ambiciosas estratégias nacionais.

Contudo, agora, o enraizamento das instituições econômicas no nível dos Estados-nação foi carcomido, sobretudo em função da busca por escala que transformou os mercados domésticos em ambientes demasiado estreitos para as necessidades das firmas que precisam competir no plano internacional para permanecerem nos mercados globais.

Em função disso, a arena internacional torna-se o grande palco de feroz competição empresarial e em que as inovações financeiras se impõem. Nesse contexto, a interação econômica entre as nações amplia consideravelmente e provoca uma inefutável interdependência. Pode-se, pois, dizer que as economias nacionais encontram-se,

---

[67] "The KWNS began to fail as a mode of governance when its coherence as an institutional assemble became inconsistent with the objects it was governing, the practices being deployed to govern them, and the identities and interests of the active agents and/or 'passive' subjects of the KWNS regime" (JESSOP, 2002, p. 231).

agora, "emaranhadas": em um conjunto de interdependentes fluxos envolvendo comércio, finanças e tecnologia.

Para Hollingsworth e Boyer (1998), o conceito de "emaranhamento" (*nestedness*) apresenta as seguintes características.

i) Os arranjos institucionais do Fordismo, que tendiam a operar apenas no nível nacional, mas com poucos limites impostos por instituições regionais ou supranacionais, dependem, agora, de uma gama de tendências internacionais, bem como da capacidade de entidades sub-regionais. Esse é o primeiro e básico significado de "emaranhamento". Ao mesmo tempo, as atividades típicas de mercado tendem a escapar dos limites domésticos e começam a aumentar o exercício de sua influência sobre regiões e nações no mundo.

ii) "Emaranhamento" significa, também, que uma multifacetada causalidade voltada virtualmente para todas as direções entre os vários níveis da sociedade: nações, setores, zonas de livre comércio, regimes internacionais, regiões supranacionais, grandes cidades, e mesmo pequenas, mas altamente especializadas localidades, interagindo com imprevidentes configurações.

iii) A terceira característica é que nenhuma autoridade singularmente considerada, seja no nível local, nacional ou supranacional, tem poder para monitorar e regular esse complexo sistema.

Pode-se dizer que os arranjos institucionais que eram congruentes em nível nacional agora estão dispersos em múltiplos níveis espaciais. O desempenho econômico requer que os atores sejam simultaneamente coordenados em todas as áreas espaciais. Em outras palavras, os atores precisam ser alocados em arranjos institucionais que sejam conectados a todos os níveis da realidade.

Tal emaranhamento institucional tem criado uma série de novos problemas para os Estados-nação, porquanto torna a política econômica e os respectivos arranjos institucionais que se fazem necessários mais complicados do que nunca, uma vez que não há nenhuma autoridade nacional ou supranacional com habilidade efetiva para monitorar ou coordenar as séries de inovações que nosso tempo traz.

Vale enfatizar que as redes e/ou parcerias como forma de governança nem sempre procedem de forma mais eficiente que os mercados ou os Estados na resolução dos problemas de coordenação política ou econômica, da mesma forma que seus resultados não são os mais aceitáveis em termos de valores substantivos. De um modo mais amplo, pode-se dizer que há um paradoxo claro com relação às falhas dos mercados, dos Estados e da governança como soluções propostas para reduzir e dominar a complexidade. Além disso, as próprias falhas conduzem a um aumento da complexidade, o que leva, portanto, a novas tentativas de governar e lidar com suas consequências.

Nesse sentido, verificar-se-á como a tecnoeconomia, o desenraizamento econômico e o consequente aninhamento institucional do Pós-Fordimo e da integração internacional dos mercados têm provocado, também, reações que se perfazem em novas formas de governança, modos de expressão jurídica e de manifestação da soberania estatal.

Capítulo 3

Desagregação da Pirâmide

Sumário: **3.1** "Coordenação" anárquica – **3.2** Coordenação hierárquica – **3.3** Coordenação heterárquica – **3.4** *Global governance* – **3.5** Redes de Governo e homogeneização jurídica – **3.6** Pirâmide jurídica desagregada – **3.7** Redes de Governo e ambivalência jurídica

> *Homens morrem à noite em seus leitos, agarrados às mãos de confessores fantasmais, olhando-os devotamente nos olhos; morrem com o desespero no coração e um aperto na garganta, ante a horripilância de mistérios que não consentem ser revelados.*
> (POE, 1993)

Se, por um lado, os mecanismos de mercado proporcionam uma rápida reação aos desequilíbrios econômicos, proporcionando ofertas e atendendo demandas para uma ampla gama de produtos por meio de alocação eficiente das escassas fontes entre as alternativas em uso, por outro lado, o mesmo processo pode provocar grandes desequilíbrios macroeconômicos no uso do trabalho e de equipamentos existentes.

Não há, por assim dizer, uma fórmula única e à prova de falhas quando o objeto é a coordenação econômica: uma onipotência e exclusividade dos mecanismos de mercado na coordenação do sistema capitalista. Até porque o mercado é apenas uma entre várias alternativas e, frequentemente, complementa outros mecanismos de coordenação: mercados, hierarquias, redes de relação, associações e

Estados têm sido importantes mecanismos para coordenação de atores nas sociedades capitalistas quando adequadamente desenhados, misturados e coordenados.

3.1 "Coordenação" anárquica

O liberalismo enfatiza o papel do intercâmbio que ocorre nas condições de mercado como mecanismo de coordenação. Assim, economicamente falando, o liberalismo endossa a expansão da economia de mercado por meio da generalização da forma de *commodities* para todos os fatores de produção (incluindo a força de trabalho e o conhecimento) e a extensão da troca monetizada e formalmente livre para todas as esferas das relações sociais possíveis.

Politicamente, poderíamos dizer que o processo de decisão liberal clássico poderia envolver os seguintes elementos:
1. Estado constitucional, com limitados poderes substantivos que o autorizem intervir na economia e na sociedade;
2. Estado compromissado com a maximização das liberdades formais para que as partes contratem e com o reconhecimento legal das liberdades dos sujeitos na esfera pública;
3. esfera pública construída em torno da liberdade espontânea de associação dos indivíduos para perseguirem qualquer atividade social que não seja proibida por leis constitucionalmente válidas.

Portanto, em termos ideológicos, o liberalismo demanda que as relações econômicas, políticas e sociais sejam mais bem organizadas por meio de escolhas formalmente livres de sujeitos formalmente livres e racionais, que procuram alcançar seus próprios interesses materiais ou ideais no seio de um quadro institucional que, acidentalmente ou deliberadamente, maximiza o escopo das escolhas formalmente livres.

Esses princípios podem mesmo conflitar sobre o fim das anárquicas relações de mercado, o processo de decisão coletiva e auto-organização espontânea, assim como sobre as liberdades substantivas e formais disponíveis para as matérias econômicas, legais e civis.

A partir da matriz interpretativa dos princípios liberais, o relativo equilíbrio do liberalismo econômico, político e social conta com o cambiante equilíbrio das forças dentro de um compromisso institucionalizado, mas cambiável.

Assim, o ressurgimento do liberalismo na forma de neoliberalismo é frequentemente atribuído ao forte sucesso do projeto hegemônico que suporta os interesses do capital financeiro e/ou do capital transnacional. Essa recente hegemonia dos regimes neoliberais depende, indubitavelmente, do sucesso exercido por líderes políticos, morais e intelectuais na elaboração de respostas para a crise do Fordismo.

Contudo, essa ressonância também está fortemente enraizada na natureza das formações sociais capitalistas. O liberalismo, é claro, pode ser visto como filosofia mais ou menos espontânea dentro das sociedades capitalistas na medida em que é aparentemente natural, isto é, quase uma imagem autoevidente da economia, da política e da sociedade que corresponde: geralmente, as características da sociedade burguesa.

Essa correspondência aparente consiste em quatro características: i) a primeira consiste na instituição da propriedade privada, que é a ficção jurídica do autônomo proprietário privado e do controle dos meios de produção; ii) a segunda relaciona-se com o mito/imagem da "Liberdade de Escolha", que se implementa no consumo, uma vez que todos os que têm disponibilidade monetária suficiente podem escolher o que comprar e como dispor do bem; iii) a terceira refere-se à separação institucional e à autonomia operacional da economia em relação ao Estado, acarretando que as intervenções deste último apareçam como intrusão externa nas atividades dos agentes econômicos livres; iv) por fim, a quarta está estritamente relacionada com a separação institucional entre sociedade civil e Estado, o que leva à crença de que as intervenções estatais constituem intromissões nas escolhas formalmente livres dos particulares membros da sociedade civil, uma vez que as condições da ordem social estejam estabelecidas.

Entretanto, a oposição ao liberalismo também pode emergir "espontaneamente" sobre os fundamentos de quatro outras características das relações sociais capitalistas: i) primeiro, a crescente socialização das forças de produção, a despeito da continuação da propriedade privada dos meios de produção, sugere a necessidade de uma colaboração *ex ante* entre os grupos de produção com o intuito de limitar a anarquia dos mercados, seja por meio do planejamento vertical (de cima para baixo) e/ou de várias outras formas de autoorganização; ii) segundo, a existência dos dilemas estratégicos colocados pelo interesse comum dos produtores na maximização dos rendimentos totais por meio da cooperação e seus apartados interesses e potenciais conflitos decorrentes das formas como esses rendimentos podem ser distribuídos; iii) terceiro, as contradições e conflitos baseados na dependência mútua dos sistemas econômicos e políticos que estão institucionalmente separados, o que leva à existência de lógicas distintas para a ação econômica e para a ação política ao mesmo tempo que gera a necessidade de verificar os efeitos econômicos das políticas estatais e/ou as repercussões políticas das decisões econômicas privadas; iv) quarto, os problemas decorrentes da natureza da sociedade civil ou da vida mundana como esfera de interesses particulares que se opõem aos supostos interesses universais incorporados pelo Estado, o que indica a necessidade de existência de mecanismos institucionais de mediação entre interesses particulares e universais, possibilitando, dessa forma, a definição de um hegemônico "interesse geral" — contudo, dada a natureza destes interesses, essa reconciliação demonstra-se sempre imperfeita e estrategicamente seletiva, uma vez que é impossível de se realizar em abstrato. "This suggests that, if liberalism can be interpreted as a more or less 'spontaneous philosophy' rooted in capitalist social relations, one should also recognize that it is prone to 'spontaneous combustion' due to tensions inherent in these same relations" (JESSOP, 2002, p. 220).

Nesse sentido, Polanyi já havia advertido em resposta à tendência da crise no capitalismo do tipo *laissez-faire*, que existem inúmeras lutas sociais para *reenraizar* e/ou *rerregular* os mercados. Assim, uma eventual solução seria uma economia de mercado enraizada e sustentada pela sociedade de mercado. De forma que, após os esforços do neoliberalismo para libertar a economia de mercado de suas limitações corporativas e estatais, agora, as tentativas estão sendo realizadas para assegurar um meio-termo que se viabilize pelo enraizamento em uma sociedade neoliberal de mercado. Isso envolve medidas para deslocar ou diferir contradições e conflitos para além dos horizontes espaço-temporais de certos regimes, assim como suplementares medidas para atacar, suportar e sustentar a dominação continuada do projeto neoliberal dentro desses horizontes.

Muitos economistas ortodoxos tendem a assumir que o "processo racional" dos mercados perfeitos garante o sucesso do mercado. Nesse sentido, as falhas ocorrem quando os intercâmbios econômicos não produzem o que um perfeito — portanto, imaginário — mercado poderia entregar.[68]

---

[68] Neste ponto, é importante ressaltar que o direito, com toda a sua complexidade, tem se firmado como um dos campos mais férteis e promissores para testar as novas aplicações recebidas da metodologia do bem-estar econômico neoclássico.
Hayek é muito famoso por suas contribuições para os fundamentos constitucionais de uma sociedade livre. Contudo, suas profundas análises sobre *Law and Economics* não obtiveram o mesmo grau de reconhecimento. Aliás, Posner sempre descartou essa abordagem teórica elaborada por Hayek por considerá-la formalística e inadequada para a análise econômica do direito.

Posner distingue duas concepções de economia:
1. economia que apenas estuda os mercados; e
2. economia como método que aplica o modelo do ator racional para o comportamento humano em geral.

É justamente essa segunda concepção que qualifica o saber econômico para a análise geral do direito e ultrapassa os limites da regulação dos mercados.

"Since the law in general deals with conflict resolutions which necessarily implies a choice among different possible solutions there seems to be no limit to the application of rational choice to all branches of the law" (MESTMÄCKER, 2007, p. 11).

A escolha racional é fundada sobre a análise de custo-benefício como pressuposto da maximização da riqueza como objetivo último. No que diz respeito à aplicação da escolha racional ao comportamento dos indivíduos, esta se consubstancia na análise dos custos-benefícios que irão auxiliar a escolha dos meios mais apropriados para atingir os fins escolhidos.

Aplicadas às decisões judiciais ou escolhas legislativas esta análise, custo-benefício, verifica-se que elas constituem eficientes meios para maximização da riqueza. No caso, a eficiência é analisada sobre o prisma de que os indivíduos sujeitos a essas regras maximizam suas utilidades. Nesse sentido, efeitos distributivos são referidos a outros ramos do direito ou do governo. Assim, nesse contexto, a maximização da riqueza não deve ser entendida como algo estritamente relacionado a termos monetários, mas, sim, como algo que tem a ver com o crescimento de todos os objetos valiosos, tangíveis ou intangíveis, na sociedade, avaliado a partir dos preços que elas poderiam adquirir nos mercados.

Nesse sentido, as transações de mercado são tomadas como paradigma de ação moralmente apropriado. Assim, o paradigma da maximização da riqueza compreende que as ações individuais que são racionais e — de acordo com Posner — também morais, contribuem para a riqueza da sociedade. É justamente nesse ponto que encontramos a ponte entre a maximização da riqueza com a política social, criando toda uma corrente teórica que trabalha com essa abordagem. Portanto, a análise econômica do direito está baseada sobre uma teoria de mercados e preços resultantes das voluntárias transações de mercado. Caso essas transações sejam realizadas sob perfeitas condições de concorrência, o mercado funciona como garantidor da perfeita alocação de recursos. O equilíbrio resultante da oferta e procura maximiza o bem-estar se as trocas puderem ser realizadas em uma situação inferior. Esse é o fascinante e influente modelo de bem-estar econômico de Pareto. Contudo, em função da raridade das situações em que se tem concorrência perfeita, a eficiência de Kaldor-Hicks, por demonstrar-se menos austera, torna-se um substituto à eficiência de Pareto. Assim, as transações são consideradas eficientes a despeito dos efeitos externos, isto é, sem considerar efetivamente que todos os perdedores terão alguma compensação ou possam ser compensados por aqueles que ganharam (POSNER, 2000, p. 21-23).

A abordagem alternativa é imaginar que, se uma transação voluntária tem sido factível, ela deveria ser realizada. Logo, a tarefa será reconstruir (imitar) o mercado.

O indubitável sucesso desse movimento constitui, simultaneamente, um sucesso para a economia como disciplina e, consequente, sucesso para os economistas que encontram um fértil campo para testar suas hipóteses e expandir o poder de seus modelos.

A principal utilidade da análise de custo-benefício é a disciplina que ela imprime às decisões, particularmente às decisões políticas, revelando valorações subjacentes a elas. Por outro lado, a análise de custo-benefício é extremamente importante para algumas áreas de decisão política ao informar para as autoridades encarregadas das decisões sobre os custos dos meios apontados para os fins estabelecidos. A análise de custos-benefícios é teleologicamente indiferente, uma vez que ela pode ser aplicada a qualquer propósito.

Em contraste, constituições, leis e precedentes judiciais, como normas que são, não são indiferentes aos fins. Assim, a questão que se coloca é como compatibilizar as implicações normativas (estabelecimentos de padrões/condutas legais) com os diversos propósitos não jurídicos das análises de custos-benefícios. Isso porque no direito a questão do estabelecimento da adequação de meios aos fins suplanta amplamente a mera operação metodológico-pragmática, posto que uma das principais questões da filosofia jurídica consiste em revelar o direito subjacente à racionalidade. Além disso, o propósito das

Uma vez que a existência da racionalidade do mercado sustenta-se em uma troca livre e equânime, em vez de em propósitos das transações econômicas, o sucesso ou falha não podem ser julgados tendo em conta critérios substantivos que levem em consideração o impacto desequilibrado das forças de mercado sobre riquezas, rendimentos, oportunidades de vida e desequilíbrios regionais. Esse tipo de raciocínio, que considera que as desigualdades existentes são decorrentes das operações de mercados perfeitos, afirma que elas precisam ser julgadas como racionais e justas. Na melhor forma, tais problemas poderiam ser vistos como inadequações do mercado, em lugar de genuínas falhas de mercado.

Em um delineamento do mercado racional, Estado e mercado estão estritamente demarcados. O Estado deve estar além dos limites das forças de mercado, meramente defendendo e estabelecendo o delineamento das instituições de mercado, uma vez que este tem condições de alocar bens e serviços da melhor forma possível. Nesse sentido, o mercado funciona como um mecanismo de autoaprendizagem, corrigindo seus próprios defeitos.

Hayek (1983) afirma que as falhas de mercado constituem, em essência, mecanismo de descoberta do tipo tentativa e acerto pelo qual

---

constituições, leis e precedentes informam sua própria interpretação, de modo que a maximização da riqueza não tem a capacidade de substituir os propósitos da lei em geral. Posner responde algumas das mais frequentes objeções contra a ampla generalização da escolha racional e maximização da riqueza, apontando, em sentido negativo, o que elas não significam ou correspondem como modelo da conduta humana, uma vez que estes não devem ser considerados como:
1. super-racionais;
2. desprovidos de emoção;
3. supremamente egoístas;
4. oniscientes;
5. egocêntricos;
6. como não adotassem estratégias em suas ações, em condições de ausência de informações sobre custo de aquisição e processamento.

Entretanto, mesmo diante de tais respostas aos críticos, ele não nos oferece uma resposta convincente para explicar os motivos por que o conhecimento presente na escolha racional, porquanto não demonstra porque o comportamento baseado na análise de custos-benefícios são mais eficientes e, consequentemente, mais adequados à maximização da riqueza ou à implementação de propósitos legais não econômicos.

Assim, pretende-se extrair a resposta para essas questões nos trabalhos dos juristas, porquanto se a análise econômica faz algo mais do que tornar os produtos jurídicos apropriados à aplicação da teoria dos preços, este algo mais exige uma análise jurídica do sistema econômico.

Uma diferente abordagem para *law and economics*, como as elaboradas por Adam Smith e F. Von Hayek, entende o sistema econômico como um sistema de liberdades baseadas sobre uma ordem legal que garanta as liberdades econômicas constituídas e os direitos individuais.

os agentes econômicos são levados a aprender e inovar. Assim, em longo prazo, os mercados proveem o mais flexível e menos desastroso e adaptável mecanismo de coordenação em face dos ambientes complexos, turbulentos e interdependentes. Portanto, para os neoclássicos e teóricos austríacos, as respostas para as falhas de mercado devem ser dadas pela ampliação do mercado, e não pela sua redução, mesmo que isso frequentemente exija, em curto prazo, intervenção estatal.

Contudo, é altamente contestável que a aplicação do aporema dos mercados perfeitos possa eliminar todas as falhas de mercado, pois muito do que se passa como falha de mercado ou como inadequação de mercado trata-se, na realidade, de atuais expressões das subjacentes contradições do capitalismo: os mercados, como exclusivos mecanismos de coordenação dos agentes econômicos, podem mediatizar contradições e modificar suas formas aparentes, mas não podem transcendê-las.

3.2 Coordenação hierárquica

As relações de mercado consideradas apenas como pura relação econômica (ou mediada pelo mercado) são constitutivamente incompletas, porque sua contínua reprodução depende de uma forma instável e contraditória, das mutantes condições extraeconômicas. Ademais, a fictícia comoditização amplia e aprofunda sua penetração de relações sociais, de forma que elas geram contradições que não podem ser plenamente resolvidas por meio de mecanismos de mercado, mas apenas diferidas e deslocadas.

O típico Estado capitalista pode intervir não apenas por meio do uso legitimado da força e da legislação editada de acordo com o processo juridicamente estabelecido, mas também por meio do poder de controle que exerce sobre recursos fiscais e monetários —conectados com seu monopólio sobre a organização da tributação, no seu controle sobre a observância da legalidade e na política monetária — e, também, por meio do relativo monopólio da inteligência organizada e dos poderes de persuasão moral, enraizados na acumulação hegemônica de estratégias.

Esses elementos constituem os instrumentos que permitem a coordenação imperativa ou hierárquica, que representa um importante papel na governança da economia. Na sua forma pura, ela se encontra na definição e força das decisões coletivas obrigatórias feitas em nome do interesse público ou desejo geral, podendo, também, ser encontrada na definição dos projetos coletivos que são perseguidos por meio do planejamento vertical e da coordenação.

De modo geral, há uma grande variação no peso da coordenação imperativa sobre todos os padrões de intervenção estatal. Por isso, o papel da coordenação imperativa tende a ser significante no estabelecimento das condições iniciais para acumulação e reprodução das suas condições externas (tal como a execução/imposição/fortalecimento dos direitos contratuais e de propriedade). Contudo, a resistência à coordenação imperativa tende a aumentar quando as formas de propriedade privada bloqueiam o crescimento da socialização das forças produtivas, quando conflito de classes e/ou conflito entre diferentes proprietários ameaçam o processo de acumulação, quando a lógica da ação econômica conflita com importantes objetivos políticos e quando a persecução de interesses privados ameaça a realização de específicas estratégias de acumulação, projetos estatais e projetos hegemônicos com os quais o Estado, de tempos em tempos, se associa.

Como o fundamento para ação estatal não é procedimental (como é o do mercado), mas substantivo, sua racionalidade é expressa por meio da coordenação imperativa ou hierárquica ao invés das anárquicas forças de mercado. Portanto, de igual modo, as falhas do Estado são julgadas de acordo com essa racionalidade substantiva: ela se refere à falha de realizar os próprios projetos estatais dentro dos termos de suas próprias regras e procedimentos de operação. Em regimes democráticos, essas regras e procedimentos incluem respeito à legalidade e à regular renovação dos mandatos populares para agir.

Dessa forma, o primeiro critério para identificação das falhas de Estado não é a alocação de eficiência (como definido em termos de racionalidade procedimental dos mercados), mas, ao contrário, é justamente sua efetividade (tanto simbólica, quanto material) com a qual os específicos projetos estatais são concretizados. Entretanto, é perfeitamente possível contar com a eficiência como critério de avaliação de específicos projetos, de forma que o *value-for-money* constitui um dos objetivos do projeto de Estado neoliberal. "Moreover, just as market failure can be related to substantive factors that block the realization of its procedural rationality, so state failure can be linked to specific procedural factors that block effective policy-making and implementation" (JESSOP, 2002, p. 227).

Assim como os economistas neoclássicos assumem irreais posições sobre os mercados, economistas do bem-estar fazem asserções irreais sobre o Estado. Eles creem que os Estados não apenas têm todas as informações necessárias para maximizar o bem-estar social, mas também que os Estados têm tanto a capacidade organizacional interna, quanto os poderes de intervenção externa necessários para atingir os objetivos públicos. Entretanto, apesar de o Estado poder intervir em resposta às falhas do mercado, ele, similarmente à "coordenação anárquica" do mercado, apenas modifica as formas ou lugares dessas contradições — introduzindo luta de classes dentro do Estado e/ou gerando tendências em direção a crises fiscais, crises de legitimidade, crises de racionalidade etc. — ou deslocando-as e diferindo-as para além dos limites espaço-temporais associados com aquele particular Estado.

3.3 Coordenação heterárquica

As formas hierárquicas de organização, na economia capitalista estreitamente concebida, têm perdido peso em relação às formas em rede, que têm se tornado mais significativas. As redes assumem, assim, importante papel na elaboração das condições que asseguram a expansão e reprodução do processo de acumulação do capital. Nesse sentido, vem sendo construída a discussão sobre as redes como formas de governança e seus reflexos na rearticulação do papel do Estado na gerência do processo de acumulação do capital e na sua função de assegurar as condições para coesão social.

A rearticulação estatal pode ser descrita em termos de tendência e contratendência.

A *tendência* pode ser associada à crescente inabilidade de o Estado do bem-estar keynesiano, a partir da intensificação da crise do Fordismo, intervir habilmente em concerto com parceiros sociais, com o objetivo de corrigir as falhas do mercado. Essa inabilidade interventiva com vistas ao saneamento das falhas de mercado acabou por credenciar a clamor neoliberal por *mais mercado e menos Estado*, contribuindo para a tese de que a redefinição das instituições de mercado constituiria a melhor resposta para as falhas de mercado em relação ao aumento da intervenção estatal.

Entretanto, os que agiram sob as matrizes dessa tendência guiada por políticas neoliberais de ajustamento, ou seja, *mais mercado, menos Estado*, acabaram por descobrir que tanto familiares formas de falhas de mercado começaram a se retroalimentar, quanto a circunstância que outras formas de falhas de mercado tornaram-se mais evidentes com a primazia de outras contradições no emergente regime de acumulação Pós-Fordista.

A *contratendência*, que também se liga à tendência, em um jogo dinâmico e dialético, é constatada pelo aumento da deficiência do Estado na organização das condições para a auto-organização, de forma que a intervenção do Estado pudesse tornar-se uma compensação para os planos e para as falhas de mercado em uma sociedade crescentemente complexa.

Há estranhas complementaridades na oscilação e recorrência aos diferentes modos de governança das relações de capital. Por exemplo, quando o liberalismo tende a regenerar a si próprio como "espontâneo" sobre as bases das características principais das sociedades capitalistas, essa regeneração encontra obstáculos que provêm de outras características-chaves destas mesmas sociedades. E, enquanto esses obstáculos proveem os fundamentos para o ressurgimento de outros discursos, estratégias e paradigmas organizacionais, tais como o corporativismo e o estatismo, sua realização tende a restringir-se em torno das várias características que geram o liberalismo. Levando tudo em consideração, pode-se dizer que essa tendência e contratendência mutuamente relacionadas produzem oscilações nos pesos relativos dos diferentes tipos de coordenação e modos de decisão política. Esse movimento acabou por gerar uma procura de alternativas, seja em relação ao mercado, seja em relação ao Estado para a coordenação da crescente complexidade das sociedades: mudança em direção, concomitante, para as novas e antigas formas de governança sem governo — que vem encapsulada nos agora familiares clamores que se consubstanciam na generalizada mudança do governo para a governança nestas duas últimas décadas.

Isso significa dizer que diferentes princípios de governança parecem ser mais ou menos adaptados para diferentes estágios do capitalismo e/ou suas contemporâneas variações. Dessa forma, podemos dizer que o liberalismo foi provavelmente mais adaptado para as formas pioneiras do capitalismo competitivo do que suas últimas variações.[69] Isso, em parte, explica a existência de ciclos nos quais os relativos pesos dos diferentes modos de governança ascendem, caem e crescem novamente (ciclo da destruição criativa nietzschiano).

Existem diferentes respostas para as falhas de mercado. Os críticos liberais veem as forças de mercado como um mecanismo de aprendizagem que se autocorrige e o Estado como sendo inerentemente incorrigível e não educável. Portanto, eles não perguntam se as falhas de

---

[69] "Thus different stages and forms of capitalism may have distinctive institutional attractors (or centers of gravity) around which oscillation occurs. In addition, different variants of these forms and stages are also likely to have different patterns of governance that are structurally coupled to their specific patterns of specialization and their growth dynamics" (JESSOP, 2002, p. 224).

Estado poderiam ser corrigidas de forma similar às falhas de mercado, mas apenas tentam recolocar a questão em termos de mercado. Por sua vez, outros críticos, defensores do intervencionismo, acreditam tanto na autocorreção dos ciclos políticos, quanto no redesenho institucional do Estado. Aliás, neste redesenho, relevantes medidas relacionam-se com o reforço da coordenação política e com sua implementação, que incluem a redefinição da divisão do trabalho no Estado e amplo sistema político, aumentando a autonomia estatal para que seja menos vulnerável aos *lobbies* particulares, aumentando a reflexividade (incluindo por meio de audiência e cultura contratual) e reorientando os horizontes temporais em favor de elaborações e tomadas de decisões políticas de longo prazo.

Tanto uma corrente quanto outra presumem uma dicotômica distinção público-privada e uma concepção do tipo soma zero das respectivas esferas do mercado e do Estado. Dessa forma, por um lado, os críticos das falhas do Estado veem a economia como um lugar de vantagens mútuas, intercâmbio formalmente livre, agentes econômicos autônomos e equivalentes; e, por outro, esses mesmos críticos relacionam o Estado com a premissa da organização coercitiva que intervém nas atividades privadas dos cidadãos livres (especialmente em suas capacidades como agentes econômicos). Contrariamente, críticos das falhas de mercado enxergam o Estado como uma autoridade soberana que recebe poderes para perseguir interesses públicos contra interesses particulares, egoístas e de curto prazo dos cidadãos (principalmente dos detentores de propriedade).

Logo, as discussões sobre falhas de mercado e Estado frequentemente parecem estar fundadas unicamente em posições teoricamente, politicamente e ideologicamente opostas. Entretanto, pode-se dizer que elas compartilham algumas categorias centrais. Em ambos os casos, quanto mais há de Estado menos há de mercado; o que varia é a positiva ou negativa avaliação dessa relação. Similarmente, enquanto aqueles que acreditam nos benefícios das forças de mercado relacionam as falhas de Estado como norma e as falhas de mercado como excepcional, aqueles que acreditam na racionalidade do Estado e seu envolvimento com os interesses públicos tipicamente consideram as falhas de mercado como inevitável e as falhas do Estado como algo que, se não for excepcional, é, no mínimo, conjuntural, o que pode ser superado pelo aperfeiçoamento do desenho institucional, conhecimento e prática política.

Uma terceira via entre a anarquia dos mercados e a hierarquia da coordenação imperativa pode ser encontrada na *heterarquia*, que compreende auto-organização horizontal entre atores mutuamente interdependentes.

Entre suas formas, apresentam-se as redes interpessoais, negociações interorganizacionais e descentralizado direcionamento do contexto intersistêmico[70] (*dezentrierte Kontextsteuerung*). E tudo isso acaba por refletir-se no uso de simbólicos meios de comunicação, tais como o dinheiro, o direito ou o conhecimento para modificar os contextos estruturais e estratégicos nos quais os diferentes sistemas funcionam, de forma que a concordância/obediência relacionada com projetos compartilhados segue seus próprios códigos, ao invés da coordenação imperativa.

Aqui, podemos dizer que a racionalidade da governança não é nem procedimental nem substantiva: ela é melhor descrita como "*reflexiva*". A racionalidade procedimental do mercado capitalista é essencialmente de natureza formal, priorizando uma infinita perseguição econômica de maximização dos lucros; a racionalidade substantiva dos governos é finalisticamente orientada, priorizando efetivar sucessivos objetivos políticos.[71] A racionalidade na governança heterárquica funda-se antes no diálogo, do que no monólogo, sugerindo, ao contrário da hierarquia e da anarquia, que não há *o tipo ideal* de mecanismo de governança.

Tem havido um considerável crescimento no campo da *heterarquia* nas últimas duas décadas em diferentes sistemas e esferas da vida. Isso representa, na realidade, resposta secular para a dramática intensificação da sociedade complexa, que tem variadas fontes:
1. aumento da diferenciação funcional combinada com o aumento da interdependência;
2. aumento da obscuridade de alguns limites institucionais;
3. multiplicação e reescalonamento dos horizontes espaciais;
4. aumento da complexidade dos horizontes temporais de ação;
5. multiplicação das identidades;

---

[70] "It comprises efforts to stter (guide) the development of different system by taking account both of their own operating codes and rationalities ando f their various substantive, social and spatio-temporal interdependencies. This is facilitated by communication oriented to intersystemic 'noise reduction' (mutual understanding), negotiation, negative coordination and cooperation in shared projects" (JESSOP, 2002, p. 228).

[71] "Heterarchic governance institutes negotiation around a long-term consensual Project as the basis for both negative and positive coordination among interdependent actors. The key to its success is continued commitment to dialogue to generate and Exchange more information (thereby reducing, without ever eliminating, the problem of bounded rationality); to weaken opportunism by locking partners into a range of interdependent decisions over short —, medium-and long-term time horizons; and to build on the interdependencies and risks associated with 'asset specificity' by encouraging solidarity among those involved" (JESSOP, 2002, p. 229).

6. aumento da importância do conhecimento e do aprendizado organizado.

Tal tipo de complexidade é refletido nas preocupações sobre a governabilidade da vida econômica, política e social em face da globalização e dos conflitos de identidade. Isso implica dizer que importantes novos problemas têm surgido e não podem ser gerenciados ou resolvidos facilmente, seja por meio da hierarquia estatal ou da anarquia dos mercados, propiciando uma mudança no centro de gravidade institucional em torno do qual decisões políticas são escolhidas entre possíveis modos de coordenação, já que os mecanismos de governança precisam prover as estruturas nas quais os relevantes atores possam atingir algum grau de concordância sobre horizontes espaciais e temporais de ação ante o ambiente complexo.

Portanto, os Estados gerentes intervêm num crescente conjunto de práticas econômicas relevantes, instituições, sistemas funcionais e domínios da vida para estimular a competitividade.

Isso tem dois efeitos paradoxais sobre o Estado:
1. enquanto expande os potenciais fins da intervenção estatal com propósitos econômicos, os complexos resultados tornam as formas de intervenção vertical típicas do Keynesianismo do pós-guerra menos efetivas — exigindo que o Estado retire-se de algumas áreas de intervenção e reinvente a si mesmo como uma condição para intervenções mais efetivas em outros setores;
2. enquanto ele aumenta o número de partes interessadas, cuja cooperação é exigida para o sucesso da intervenção estatal, ele também aumenta as pressões para criar novos sujeitos para agir como seus parceiros.

Assim, o Estado está buscando transformar as identidades, interesses, capacidades, direitos e responsabilidades das forças econômicas e sociais para que elas se tornem mais flexíveis, capazes e confiáveis agentes das novas estratégias econômicas estatais: em parceria com o Estado, uns com os outros ou como sujeitos empreendedores autônomos na nova economia baseada no conhecimento.[72]

Em termos organizacionais, o período fordista foi uma das maiores escalas de estrutura hierárquica burocrática que operou de

---

[72] "This is also reflected in the transfer of Techno-economic paradigms from the firma to broader fields of governance. This occurs in at least two ways: through the simple extension of techno-economic paradigms from the private sector to public and third sector organizations and through the respecification of the best institutional arrangements and most appropriate tasks of the state" (JESSOP, 2002, p. 233).

forma vertical, e seu modelo foi presumidamente estendido para o Estado local, tanto em sua economia, quanto em seus papéis sociais. O Pós-Fordismo, então, pode ser associado com a rede de firmas e os novos paradigmas de rede.[73]

O Estado mesmo apresenta um crescente interesse no potencial da heterarquia para fortalecer sua capacidade de atingir objetivos políticos por meio do compartilhamento de poderes com forças que vão além dele e/ou delegando responsabilidade de específicos objetivos para parceiros (ou outros heterárquicos arranjamentos). Isso tem contribuído para uma tendência mais geral em direção ao aumento da confiança na auto-organização. Neste contexto, alguém pode querer aplicar os critérios substantivos e procedimentais à heterarquia e, desse modo, avaliar se ela produz, no longo prazo, resultados mais eficientes que a alocação dos mercados e mais efetivos resultados de longo prazo na realização dos interesses coletivos do que a coordenação imperativa realizada pelos Estados.

Entretanto, apesar de a heterarquia vir sendo objeto de crescente interesse como mecanismo para reduzir os custos de transação na economia em casos de limitada racionalidade, interdependência complexa e avaliações específicas, não há garantia de que será imune a falhas de governança, assim como a anarquia e a hierarquia. Mesmo porque, apesar do aparente fascínio pela heterarquia como forma de governança e coordenação, não se podem ignorar as paralelas e simultâneas vantagens do mercado e comando vertical como meios de coordenação, que continuam e devem continuar sendo utilizadas, mesmo porque as redes econômicas operam dentro de mercados e continuam a basear-se sobre ele em todos os pontos de suas atividades econômicas; e as redes econômicas tipicamente envolvem a auto-organização de organizações, ao invés de indivíduos isolados.

---

[73] "Thus, despite the survival of market rhetoric in neoliberal regimes, the most significant trend in these, as well as in post-Fordist regimes where other types of governance predominate, is towards networking, governance, partnership and other forms of self-organization as the primary means of correcting for market failure. This is reflected, as we have seen, in the new 'network paradigm', with its emphasis on partnership, regulated self-regulation, the informal sector, the facilitation of self-organization and decentralized context-steering. Thus we can observe a tendential shift from imperative coordination by the sovereign state to an emphasis on interdependence, divisions of knowledge, reflexive negotiation and mutual learning" (JESSOP, 2002, p. 236).

3.4 *Global governance*

Na contemporaneidade, agimos por meio de redes que cruzam o globo, redes que, portanto, efetivam e possibilitam o gerenciamento dos governos no mundo. Nesse contexto, percebe-se a formação de redes oficiais de governo: que se formam no mundo, possibilitando o exercício do poder estatal (governo) por meio da troca de informações e coordenação de atividades para enfrentar e resolver problemas que se apresentam em escala global.

Cada uma das redes oficiais que se forma tem objetivo e atividade específicos, que se relacionam com suas respectivas áreas de atuação, membros e história. Tomadas em conjunto, pode-se dizer que elas acabam por realizar funções comuns, na medida em que permitem a expansão dos objetivos regulatórios, oferecendo assistência técnica e socialização profissional para membros menos desenvolvidos. Compreendidas como forma de *global governance*, as Redes de Governo procuram resolver suas necessidades com base nos exemplos dados por organizações civis e comerciais (que já descobriram que suas redes são ideais para prover a velocidade e flexibilidade necessárias a fim de que possam funcionar efetivamente na era da informação).

A *global governance*, por meio de Redes de Governo, pode significar o atrelamento de agentes governamentais na solução de problemas internacionais, por meio de governos nacionais, exceto em circunstâncias nas quais estes mesmos governos concluírem que uma genuína organização supranacional seria necessária para exercer autoridade global.[74] No mesmo sentido, Redes de Governo podem expandir significativamente a capacidade de governos nacionais se engajarem na recepção/concepção de atores não estatais que, por sua vez, operam também por meio de redes. Sua informalidade decorre não apenas da fluidez das redes como uma organização estrutural: isoladas instituições governamentais não possuem *status* ou formalidade independente reconhecidos pelo direito internacional e político. Existem, pois, apenas como parte abstrata de um Estado unitário, agregadas com todos os segmentos das instituições governamentais. Elas operam como seus equivalentes na economia informal, isto é, ao lado das instituições internacionais formais.[75]

---

[74] "If every country were an island, or perhaps its own planet, there would be no need for supranational policymaking. Each jurisdiction could manage its own affairs and no externalities or interconnections would require attention" (ESTY, 2006).

[75] "In 'pure' coordination problems, the parties have a common interest in achieving a common objective, and the potencial for relative gains as between parties is small. It

Assim, os Estados nacionais, ao formarem Redes de Governo, poderão expandir seus objetivos regulatórios para além da capacidade de qualquer governo nacional isolado. Eles podem apoiar a obediência dos tratados internacionais e aprofundar e alargar a cooperação para criação de novas redes. Não há dúvida de que as sociedades e os Estados necessitam instrumentalizar instituições globais para resolver problemas coletivos que apenas podem ser resolvidos em escala global. Nesse sentido, eles precisam estar hábeis para elaborar e efetivar regras globais sobre uma plêiade de assuntos e por meio de uma variedade de formas, podendo, inclusive, desvendar uma arquitetura nova para a infraestrutura da ordem global, uma vez que esta se funda sobre uma intrincada teia de conexões entre as desagregadas instituições estatais: emaranhamento institucional.

A globalização efetiva-se por meio de Redes Globais, que potencializam os ganhos da cooperação. Contudo, essas mesmas instituições, criadas para potencializar esses ganhos, constituem, elas mesmas, potenciais ameaças opressivas. É o DILEMA DA GOVERNANÇA: *se essas instituições são essenciais para a vida humana, são elas, simultaneamente, perigosas.* Consequentemente, o desafio posto aos teóricos do Estado é justamente como arquitetar novas estruturas políticas e de governança que possam sanar os problemas globais e promover o renascimento da liberdade.

Assim, uma desagregada ordem mundial pode ser compreendida como um mosaico formado por inumeráveis redes governamentais. Esse mosaico pode incluir tanto redes horizontais, quanto redes verticais: redes para coletarem e dividirem informações de todos os tipos; para coordenação política, para efetivação de cooperação, para assistência técnica e treinamento e, inclusive, para elaboração de normas

---

has been said that such situations are "not-interesting", because if aims of the parties are completely in harmony, there is no difficulty in achieving cooperative action. That view is belied by the experience of domestic legal systems, where much of the *enterprise* consists in desingning "facilitative" rules and institutions to make it easier for actors to coordinate independent activities. A good deal of the law of contract can be seen in this light.

In some cases, international institutions, simply by providing information, can assist coordination even without a related norm framework. The system of national reporting on infectious diseases established under the World Health Organization, for example, enables members to adjust their own policies to the current epidemiological threat. Similarly, during the long period before the law of the Sea Convention was in force and the International Seabed Authority came into being, a group of industrial states agreed to notify each other of any national permits each issued for seabed mineral exploration. The note allows states issuing new permits to take care that the área covered does not overlap licensees of different states. Many of the numerous notification provisions in treaties perform the same kind of coordination function" (CHAYES; CHAYES, 1995, p. 136).

(*rule making*). Isso tudo, tomado em conjunto, pode apresentar um prognóstico do esqueleto da infraestrutura para uma *global governance*.

Logo, em um mundo de Redes de Governo, os mesmos oficiais encarregados de julgar, regular e legislar domesticamente estão, simultaneamente, conectados e solidários às suas contrapartes internacionais para colaborarem na resolução de problemas de governança que surgem quando os atores nacionais e problemas se espalham além das fronteiras nacionais.

Nessa abordagem, portanto, *Global Governance* não significa regular a forma que os Estados regulam seus cidadãos, mas, pelo contrário, um modo que se constitui para resolução de problemas e de questões para cidadãos que têm escala global: problemas globais requerem soluções globais.

3.5 Redes de Governo e homogeneização jurídica

Em um mundo onde os elementos básicos da governança — elaboração de regras, implementação de regras, execução de normas e resolução de disputas sob normas — são efetivados por redes de instituições governamentais, nacionais ou supranacionais, responsáveis pelo desempenho dessas funções, pode-se dizer que as Redes de Governos são extremamente envolvidas na cooperação, harmonização e implementação de regras que ajudam na governança global. Nesse sentido, as Redes de Governo constituem um bom instrumento de política pública tanto para os países desenvolvidos, quanto para os países em desenvolvimento, que procuram participar do processo regulatório global e precisam reforçar sua capacidade de governança doméstica.

Mesmo em sua configuração atual, ou seja, no contexto de uma ordem global desagregada, as Redes de Governo promovem a convergência, o cumprimento dos acordos internacionais e o aumento da cooperação entre as nações em um vasto campo de questões regulatórias e judiciais.

O centro estrutural da desagregada ordem mundial está no conjunto de *redes horizontais* entre as instituições governamentais nacionais e suas respectivas áreas de atuação, indo da regulação dos mercados financeiros realizada pelos bancos centrais, passando pela proteção ambiental e chegando à efetivação e proteção dos direitos humanos. Essas redes atuam tanto no nível de alto escalão governamental, que são diretamente responsáveis pela elaboração do processo político — nível ministerial —, quanto no nível mais baixo das agências reguladoras.

Podem ser, e geralmente são, surpreendentemente espontâneas — informais, flexíveis, e com uma variedade de associados — ou institucionalizadas — dentro de organizações oficiais internacionais.

Por fim, redes governamentais de harmonização, as quais são geralmente autorizadas por tratados ou acordos executivos, permitem conectar reguladores com o objetivo de assegurar que suas regras destinadas a regulamentarem específicas áreas serão postas conforme um padrão comum. Contudo, "Harmonization is often politically very controversial, with critics charging that the technical process of achieving convergence ignores the many winners and losers in domestic publics, most of whom do not have any input into the process" (SLAUGHTER, 2005, p. 20).

A melhor estrutura para criar uma rede de governos e, assim, estruturar a ordem mundial é criando uma rede de redes: por exemplo, o *Financial Stability Forum*, que, originariamente estabelecido em 1996 como um mero fórum que agrupava conglomerados financeiros, uma espécie de acordo de cooperação técnica que conjugava organizações como *Basel Committee*, IOSCO e IAIS, passou a produzir uma série de artigos que eram levados à consideração de seus três membros sobre assuntos que passavam por princípios de adequação de capital ao desenho institucional e princípios para supervisão e compartilhamento de informações.

Tais organizações podem ser vistas como fracas se as olharmos com as categorias tradicionais de análise do poder, na medida em que apenas podem efetivar-se pelo reforço da dimensão supranacional e pela seleção de um conjunto de autoridades com lealdade direta para com a organização e com poderes independentes tanto quanto possível. Contudo, pela perspectiva da ordem mundial desagregada, tais entidades constituem uma forma pioneira e diferente de organização internacional.

Em uma ordem global desagregada, redes horizontais de governo podem ser mais numerosas do que *redes verticais* de governo, mas mesmo assim as redes verticais têm um importante papel a ser realizado. A principal característica das redes verticais é manter as funções de governança global nas mãos de instituições governamentais oficiais, uma vez que é possível aos Estados estabelecerem formas para que os cidadãos escolham a forma como os governos irão delegar sua autoridade para altas organizações, já que estas organizações parecem pairar acima dos Estados.

Aqui, também, apresenta-se o paradoxo das Redes de Governo: i) na sua forma horizontal, elas são frouxas e menos coercivas que outras formas de organizações internacionais, garantindo, dessa forma, que os principais poderes permaneçam nas mãos dos Estados-nação por meio de suas autoridades; ii) já na sua forma vertical, Redes de Governo podem ser um elemento crítico por outorgarem poderes reais a uma organização supranacional, porquanto a possibilidade de relações diretas entre tribunais supranacionais e nacionais, ou entre agências reguladoras supranacionais e nacionais, atravessam a carcaça da soberania estatal e criam canais pelos quais as autoridades supranacionais podem explorar o poder coercitivo das autoridades nacionais.

Assim, no contexto de uma desagregada ordem mundial poderia incluir tanto redes verticais quanto redes horizontais. Entretanto, considerando um presumido desejo de se evitar alguma espécie de governo mundial, aconselha-se que o poder das Redes de Governo verticais deva ser utilizado esparsamente.

Redes de Governo, sejam horizontais ou verticais, são necessariamente informais, porquanto distintas instituições governamentais não têm um padrão formal no sistema internacional ou uma submissão específica ao direito internacional. Assim, essa falta de padrão internacional essencialmente significa que essas instituições simplesmente não existem aos olhos do direito. Logo, elas não podem criar instituições que se submetam a ele. Isso ocorre mesmo no caso em que bancos centrais, comissões de seguro ou autoridades antitruste procuram regularizar suas relações por meio da criação de suas próprias organizações, uma vez que tais organizações irão existir como um setor informal ao lado de organizações internacionais compostas por Estados agindo como atores unitários.

Vislumbra-se, desse modo, que uma desagregada ordem mundial, na qual as instituições governamentais representam os principais papéis ao invés dos Estados unitários, poderia ser uma ordem mundial em rede (emaranhada), em que teríamos um globo coberto por uma densa ordem formada por redes governamentais horizontais e verticais.

Com relação às Redes de Governo, pode-se catalogá-las em três grandes grupos:
  1. Redes de Informação;
  2. Redes de Implementação;
  3. Redes de Harmonização.

Cada uma delas pode resolver problemas específicos. Contudo, na prática, suas atividades se sobrepõem de forma considerável.

As Redes de Informação podem auxiliar na troca e conhecimento de modelos de legislação e códigos de boas práticas.

Por sua vez, as Redes de Implementação (*enforcement*) contribuem para a ordem mundial na medida em que auxiliam as nações na implementação de direitos que elas tenham individualmente ou coletivamente determinados como úteis para o bem público.

As Redes de Harmonização contribuem para a ordem mundial ao permitirem que nações padronizem seus direitos e regulamentos em áreas em que elas mesmas tenham determinado que avançarão em função de um interesse comum, seja este interesse na área comercial, proteção ambiental ou saúde pública.

Pode-se, de igual modo, distinguir o impacto das vigentes Redes de Governo sobre a ordem global em três grandes categorias:

1. Convergência;
2. *Compliance* (obediência/aquiescência);
3. Cooperação.

Em uma vasta variedade de formas, as Redes de Governo promovem convergência das leis e regulamentações nacionais — não apenas por meio de Redes de Harmonização, que são expressamente encarregadas dessa tarefa, mas também por meio de Redes de Informação. Assim, a convergência cria a possibilidade para uma profunda cooperação por meio de acordos internacionais mais formais. No mesmo sentido, as Redes de Governo procuram efetivar o cumprimento dos tratados existentes (*compliance*) e outros acordos internacionais, os quais já são firmados para esses específicos propósitos, mas que são reforçados pelas Redes de Informação.

Por fim, as Redes de Governo podem aumentar a qualidade e aprofundar a cooperação entre as nações, uma vez que elas têm capacidade para executar as soluções adotadas por três formas.

Primeiro, as Redes de Informação são idealizadas para abordar um conjunto inteiro de problemas nacionais e globais que são mais fáceis de serem regulados através de uma abordagem realizada por meio da informação, diálogo e aprendizagem coletiva do que pelos meios das tradicionais técnicas de comando e controle. A simples disponibilização de informações para indivíduos e organizações permite a ocorrência do autoconhecimento, o qual, por seu turno, é o coração da autorregulação, que em um contexto coletivo significa um conjunto formado por padrões coletivos e informações refinadas de maneira a auxiliar todos os participantes.

Segundo, as Redes de Governo são as únicas capazes de resolver muitos dos problemas que fluem de fontes domésticas. Nesse sentido, as Redes de Governo começam a envolver todas as autoridades governamentais locais desde o início, ou seja, antes de a solução ser encontrada e/ou formulada. A partir desse ponto, inicia-se um processo de pressão ou de oferta de suporte direto com intuito de assegurar sua realização.

Terceiro, as Redes de Governo parecem ser o lado positivo de conflitos que surgem nas relações globais, conflitos que, por exigirem soluções, acabam por reforçar a confiança e os hábitos de compromisso entre seus membros.

3.6 Pirâmide jurídica desagregada

Reduzindo-se a complexidade do mundo jurídico a alguns arquétipos, pode-se dizer que o direito do século XIX e da primeira metade do século XX corresponde ao direito das grandes codificações, enquanto o direito da segunda metade do século XX corresponde ao direito das organizações supranacionais (LOSANO, 2005).

Nesse sentido, também a ciência do direito precisa lidar com a inovação ocorrida nos sistemas sociais de produção advinda da moderna sociedade globalizada. O direito, em parte, arrisca-se a regular essa nova realidade, em parte experimenta a incerteza de um novo trajeto, preenchido por conflitos sociais e internacionais que fogem ao seu controle. A ciência do direito constrói novos conceitos e paradigmas para explicar os novos institutos que emergem e enfrenta a necessidade de harmonizá-los com os tradicionais institutos, assim como deve identificar quais explicações devem ser mantidas e quais outras precisam ser formuladas em função daquelas já superadas pela evolução social.

> Em resumo: hoje o direito assume o aspecto de uma massa tridimensional em contínua e irregular expansão e, assim, o rigoroso modelo da pirâmide normativa está desagregando-se. No bem calibrado ordenamento hierárquico da pirâmide, encontra explicação apenas uma parte do direito atual, mas não todo. O que resta fora da pirâmide é frequentemente aquilo que de mais novo existe. Por isso, a mudança profunda no direito atual obriga a uma mudança de paradigma no seu estudo. O modelo da rede substitui aquele da pirâmide. (LOSANO, 2005, p. 281)

Assim, tanto o direito quanto a ciência que dele se faz devem experimentar a difícil arte de distinguir o que se pode mudar do que não se deve mudar. Há, pois, um direito turbulento que se encontra entre a zona da inovação e a da conservação. É o direito dinâmico, que se move e se agita rapidamente como a sociedade que ele procura direcionar.

Quando se analisa o mais avançado modelo piramidal do direito, o da teoria pura do direito de Hans Kelsen (1984), no contexto da sociedade industrial, constata-se que essa teoria influiu na realidade de seu tempo, contribuiu para a criação da justiça constitucional e uma visão democrática e pacifista do direito internacional em uma época que a Europa estava dominada por governos totalitários e militaristas.

Pode-se dizer mais da realidade jurídica, mas renunciando-se a uma rigorosa unidade da teoria. A doutrina pura do direito, com sua estrutura gradual, oferece um convincente modelo estrutural de hierarquização das normas jurídicas, que foi recebido por quase todas as teorias do direito. O sistema deve concatenar todos os elementos que o compõe do início ao fim: a pirâmide tem em seu vértice o ponto sob o qual conflui todo o ordenamento e todos os elementos sustentáveis. Esse modelo, que é uma das possíveis formas de sistema, absorve duas funções: aquela prática de facilitar a compreensão do direito e aquela psicológica de transmitir a convenção de que isso seja ordenado e complexo. Neste ponto, basta sublinhar que a estrutura hierárquica do ordenamento tem a capacidade de regular a produção de normas jurídicas do ordenamento e de corrigir as normas que são produzidas, isto é, de se autoproduzir e de se autocorrigir (o que é colocado em xeque pelo modelo de coordenação heterárquica, que predomina na produção do tecnodireito).

> Para restar no âmbito dos modelos jurídicos, a situação atual colocou em discussão a noção de estrutura piramidal, mas não a superou. Efetivamente, reencontra-se aquela estrutura com níveis infraestatal, estatal e supraestatal. As dificuldades nascem da coordenação presente e futura desses três níveis entre eles. (LOSANO, 2005, p. 278)

O preço da doutrina pura do direito consiste no rigor extremo com o qual organiza o material jurídico empírico em sistema piramidal de tipo puramente formal. Em extrema síntese, a teoria pura do direito é extremamente ligada à noção de Estado nacional moderno; portanto, não explica o que existia antes dele, nem, tampouco, explica o que vem depois dele. Não explica o direito pré-industrial, isto é, aquele direito arcaico e primitivo, em que não havia Estado com o poder exclusivo de estatuir as normas jurídicas que regiam a sociedade inteira, em que reinava o direito consuetudinário, em que não há espaço para um rigoroso positivismo legislativo, para o qual o direito é tão somente aquele estatuído dos órgãos estatais. Entretanto, o positivismo rigoroso tampouco explica o direito pós-industrial que se afirma em nosso tempo: este não explica, portanto, o pluralismo jurídico.

Ao problema da pluralidade das fontes do direito — nacional, supranacional, internacional — acrescentam-se outros elementos de complexidade: os três níveis ora mencionados tendem a regular setores sempre mais vastos da vida pessoa e interestatal, enquanto as matérias reguladas tendem a ultrapassar cada vez mais os confins nacionais. (LOSANO, 2005, p. 281)

A estrutura supranacional do pós-guerra propiciou a superação do modelo piramidal típico do Estado nacional, mas não apresentou uma alternativa adequada à sua substituição. Em uma sociedade complexa como a atual sociedade industrial, o direito é levado a elaborar uma série de regras para evitar os conflitos de normas no espaço e no tempo. Estas regras empíricas, úteis à gestão prática do direito, nascem sobre o espírito da exigência do momento e, portanto, não se encontram, necessariamente, coordenadas entre elas.

Para Campilongo (2000, p. 144):

O direito da sociedade global expande-se num ambiente de crescente complexidade. De um lado, dá-se a crise regulatória do direito estatal, freqüentemente acusado de não garantir expectativas de direitos e de não se ajustar ao aumento das possibilidades de ação geradas pela revolução tecnológica. De outro lado, mas não menos importante, os modos de produção do direito mundial são difusos, policêntricos, auto-regulativos. Para usar uma figura recorrente na literatura da teoria do direito, quer no plano nacional quer no plano internacional, vê-se a crescente substituição da pirâmide normativa de kelseniana por séries normativas dispostas na forma de teia de aranha emaranhadas, descentralizadas e, em larga medida, surgidas apenas para estabelecer premissas de decisões flexíveis.

As dificuldades nascem, precisamente, da coordenação presente e futura entre esses vários níveis. A concepção kelseniana da estrutura hierárquica do direito foi pensada para o Estado nacional do século XIX e da primeira metade do século XX. Contudo, com o passar dos anos, em todos os continentes se verifica a consolidação de formas mais ou menos estreitas de colaboração supranacional.

Procura-se, assim, modelo mais adequado à atual realidade jurídica, mais complexo do que o tradicional, porquanto um modelo não mais piramidal e hierárquico, mas reticular e pluridimensional, um modelo reticulado (que tem forma de rede; retiforme, pois tem linhas e nervuras entrecruzadas como a rede).

Em resumo: o direito assume na contemporaneidade o aspecto de uma massa tridimensional em contínua e irregular expansão. Portanto, o rigoroso modelo da pirâmide normativa encontra-se, também, em estado de desagregação (LOSANO, 2005).

Para confirmar intuitivamente o modelo retiforme, basta examinar qualquer texto legislativo. Eles contêm, invariavelmente, reenvio explícito a outras normas do mesmo ordenamento. Ao seu turno, a norma reenviada contém, frequentemente, outros reenvios, e assim por diante. Desse modo, sem um ordenamento rígido, o intérprete se move em todas as direções no interior do ordenamento em exame. Essa rede de coligações se faz agora ainda mais complexa se, ao reenvio explícito, se agrega o reenvio implícito, o qual não se encontra expressamente declarado pelo legislador, mas excogitado pelos pesquisadores.

Caso se procure compreender o modelo desse direito que se faz reticularmente em termos jurídico-formais, se constata, simultaneamente, por um lado, que os Estados nacionais vão delegando competências cada vez mais importantes a entidades sob muitos aspectos ainda indefinidas e, por outro lado, que os entes supranacionais exercitam sempre mais poderes diretamente no âmbito dos Estados nacionais (que atravessam a jurisdição supranacional). Em geral, a cooperação entre Estados, conforme visto *supra*, se estende tanto horizontalmente, com aumento do número de Estados que formam uma rede como seus membros, quanto verticalmente, multiplicando as estruturas participativas, suas competências e seus atos normativos. Todavia, é preciso dizer que o velho direito — aquele do código, bem-estruturado, sistemático, piramidal — persiste ao lado do novo direito pós-moderno, reticular, solúvel, heterárquico, policêntrico.

Assim, no bem-calibrado modelo da pirâmide encontra-se, em parte, explicação parcial para o direito moderno, mas não para sua totalidade. Contudo, em outra parte, algumas normas, que não se encaixam no modelo da pirâmide, permanecem sem explicação ou fundamentação. É o que ocorre, frequentemente, com o tecnodireito. Em outros termos, no Estado pós-industrial, sobrevivem fragmentos do Estado industrial; portanto, agora a metáfora da pirâmide, que, dessa forma, ainda é utilizada como instrumental teórico para descrever partes do ordenamento jurídico, convive com o modelo reticular. O simbolismo da pirâmide vive ao lado do novo simbolismo que se constrói, o da rede; mas qualquer um dos dois símbolos exprime aproximações — diferentes e essenciais — do direito. A pirâmide exprime a estrutura do direito, enquanto que a rede exprime a função do direito.

> Vez que as tradicionais hierarquias de normas, na teoria das fontes, continuam a existir, a teoria sistemática e a visão reticular se revelam

complementares. O simbolismo da pirâmide convive com aquele da rede, mas cada um dos dois símbolos exprime um método — diverso e ao mesmo tempo essencial — de aproximar-se do direito. A pirâmide exprime a estrutura do direito; a rede exprime a função do direito. (LOSANO, 2005, p. 283)

O sistema deveria ser completo, mas não contém mais a totalidade do ordenamento jurídico. Como a pirâmide, a rede deveria, também, capturar a totalidade do direito; todavia, sob sua malha escapam partes do ordenamento a ser analisado. Constituem, portanto, duas visões, uma tradicional, outra inovadora, ambas intentando capturar o direito polimorfo com a limitada mente humana. Esse limite é o ponto crucial de cada modelo de ordenamento jurídico. Por isso, pode-se falar que há uma relação de complementaridade entre os modelos piramidais e reticulados de direito.

Antes, havia um jogo com regras claras, representadas estruturalmente pela pirâmide: nesse modelo teórico, o decisor final ocupava o vértice da pirâmide, o qual tinha a função e a capacidade de reduzir a complexidade da vida. Com base nele, o jogo de regras claras, o controle da constitucionalidade das leis ainda se sustentava no discurso teórico do modelo hierárquico piramidal, em que se conservavam as noções de hierarquia, coerência, plenitude, relacionamentos (reenvio ou recepção). Esse era o monismo kelseniano.

Entretanto, na contemporaneidade, esse monismo implodiu: já não se sabe quem é quem, na medida em que não é possível, pelo menos de forma nítida ou tão clara como outrora, identificar hierarquias piramidais. A resolução das ambivalências[76] foi uma das pretensões da modernidade; porém, a cada problema resolvido, percebem-se novos problemas de ambivalência. Está-se, pois, em um campo cuja área cinzenta expande-se, ao invés de diminuir.

Além disso, outra explicação pode derivar da observação de que as formas de governar e de governança são complexas, dinâmicas e variadas, o que enfatiza as quatro "metaestruturas" da organização interorganizacional ou a governança da governança, a saber:
- em primeiro lugar, é a metatroca (*metaexchange*), que envolve o redesenho reflexivo dos mercados individuais (por exemplo, o trabalho, a terra, o dinheiro, as *commodities*, o conhecimento

---

[76] "Outrora declarada um perigo mortal para toda a ordem social e política, a ambivalência não é mais "um inimigo no portão". Ao contrário: como tudo o mais, foi transformada num dos suportes do palco para a peça chamada pós-modernidade" (BAUMAN, 1999, p. 297).

— ou apropriadas subdivisões relacionadas) e/ou a reflexiva reordenação das relações entre mercados por meio da modificação de sua operação e de sua articulação. Em termos gerais, tem havido um grande interesse nas questões relacionadas ao redesenho institucional dos mecanismos de mercado, seu enraizamento em mecanismos fora do mercado e as condições para maximizar a racionalidade formal das forças de mercado;
- em segundo lugar, existe a metaorganização (*metaorganization*). Isso envolve um reflexivo redesenho das organizações, a criação de organizações intermediárias, o reordenamento das relações interorganizacionais e o gerenciamento das ecologias organizacionais (em outras palavras, a organização das condições da evolução organizacional em condições em que muitas organizações coexistem cooperam e coenvolvem). Isso reflete o contínuo redesenho, reescalonamento e adaptação e, algumas vezes, ruptura; outras vezes, a própria continuidade, no aparato estatal e na maneira pela qual isso se encontra enraizado no amplo sistema político;
- em terceiro lugar, temos a meta-heterarquia (*metaheterarchy*). Esta envolve as condições de organização da auto-organização por meio da redefinição das estruturas para a heterarquia ou auto-organização reflexiva.

E, finalmente, temos a metagovernança (*metagovernance*), que envolve a rearticulação e a colaboração entre os diversos modos de governança. As questões-chave para os envolvidos na metagovernança são:
a) como lidar com outros atores autorreferenciados;
b) como lidar com sua própria autorreferencialidade.

Nesse sentido, metagovernança envolve o gerenciamento de complexas, plurais e emaranhadas hierarquias encontradas nos prevalecentes modos de coordenação; por isso, ela é a organização das condições para a realização da governança e envolve uma judiciosa (conflitiva) mistura de mercado, hierarquia e redes para atingir os melhores resultados possíveis do ponto de vista daqueles engajados na metagovernança. "In this sense it also means the organization of the conditions of governance in terms of their structurally inscribed strategic selectivity, that is, in terms of their asymmetrical privileging of some outcomes over others" (JESSOP, 2002, p. 242).

Dessa forma, a metagovernança não pode ser confundida como níveis superordenados de governo no controle de todos os arranjos de governança, nem com a imposição de um singular propósito de governança globalizantes. Em vez disso, ela envolve um contido processo de confusão e a definição de novos papéis e função, criando *links*, recursos, patrocinando novas organizações e envolvendo a formatação de contextos dentro dos quais estes arranjos podem ser forjados em lugar de desenvolver específicas estratégias ou iniciativas para eles.[77] Dessa forma, podemos dizer que a metagovernança não elimina outros modos de coordenação. Mercados, hierarquias e heterarquias continuarão existindo. Contudo, todos eles também continuam a operar em um contexto de decisões negociadas.

Portanto, por um lado, a competição de mercado será equilibrada pela cooperação, e a mão invisível deverá ser combinada com visíveis apertos de mão. Por outro lado, o Estado deixou de ser a única autoridade soberana, uma vez que ele se tornou um participante dentre outros na direção pluralística do sistema e ele mesmo provê distintos recursos para o processo de negociação.[78]

Nesse sentido, passa-se para uma estrutura em que a hierarquia é desconhecida, diante de um quebra-cabeça que precisa ser decifrado constantemente e dinamicamente, na medida em que a conformação da rede pode adquirir variados amoldamentos conforme o tema a ser decidido. Dessa forma, o direito da sociedade mundial coloca-se sob o signo da substituição da *hierarquia* — e da *autarcia* — pela *heterarquia*. Isso significa que o *arkhè* não se localiza em um nível supremo (hierarquia ou domínio em nome e por causa de uma qualidade absoluta e externa), nem no próprio sistema (*autarcia* e autoeficiência). Situa-se, pois, além dos limites do sistema jurídico interno (TEUBENER, 1999), demandando a construção de modelos jurídicos de organização institucional — orientações deontológicas de caráter ético — adequados a um poder policêntrico e heterárquico, cuja tessitura reticular apresenta

---

[77] "States play a major and increasing role in metagovernance. They provide the ground rules for governance and the regulatory order in and through which governance partners can pursue their aims; ensure the compatibility or coherence of different governance mechanisms and regimes; act as the primary organizer of the dialogue among policy communities; deploy a relative monopoly of organizational intelligence and information with which to sape cognitive expectaitons; serve as a 'court of appeal' for disputes arising within and over governance; seek to rebalance Power differentials by strengthening weaker forces or systems in the interests of system integration and/or social cohesion; try to modify the self-understanding of indetities, strategic capacities and interests of individual and collective actors in different strategic contexts, and hence alter their implications for preferred strategies and tactis; and also assume political responsibility in the evento f governance failure" (JESSOP, 2002, p. 241-242).

[78] "For although public Money and Law would still be important in underpinning their operation, other resources (such as private Money, knowledge or expertise) would also be critical to their success" (JESSOP, 2002, p. 243).

cada ponto de interconexão do sistema como centro de irradiação de poder e em que já não há conceitos totalizantes.

Contudo, para compreender o funcionamento dessas redes, faz-se necessário utilizar a figura de um emaranhado de ramos que formam um ninho. Nesse sentido, é preciso enfatizar a capacidade de autorregulação das Redes de Governança. A estrutura em REDE, por sua vez, opera no Plano Multilateral, com cada um de seus nós — centros de poder e emanação de normas — *conectando-se* e *desconectando-se* uns com os outros, *ininterruptamente*.

Aí fica o problema da identificação do fenômeno do Direito e do Poder, uma vez que no modelo teórico que procura compreender o fenômeno do Poder como Rede, as Normas de Reconhecimento (HART, 1986) parecem invisíveis; não que não existam, mas, simplesmente, porque não se apresentam de forma evidente, de modo que não há segurança sobre elas em função da dissolução da Rede Piramidal que torna seu manejo em termos jurídicos altamente complexo.

Nesse sentido, Cassese (2003) apresenta caso que, por ser interessante e paradigmático, permite, se não ver, pelo menos entrever a incipiente Divisão Internacional do Trabalho Administrativo no estabelecimento de limites aos agentes econômicos globais.

Trata-se do caso *Amadeus*, que está relacionado ao direito antitruste e envolve o mercado de utilização de sistemas informáticos de reservas aéreas por companhias norte-americanas e europeias. Nesse caso, a conduta contrária à concorrência foi denunciada perante as autoridades administrativas dos Estados Unidos. Contudo, como a empresa estava sediada na Europa, a decisão conclusiva do procedimento administrativo foi tomada por autoridades administrativas da Comunidade Econômica Europeia, que examinaram a questão por provocação das autoridades norte-americanas. Tal tipo de ação pública tendente a regular a conduta de grandes agentes globais permite a extração da seguinte hipótese: o direito e a administração de um Estado podem ser utilizados por iniciativa e interesse de outro Estado.

Ainda no que diz respeito à preservação da concorrência e à defesa dos consumidores, mas agora se referindo ao problema da constituição dos poderes públicos internacionais e sua consequente influência na produção dos direitos nacionais, tem-se a análise da fusão entre a *General Electric* e a *Honeywell*, duas gigantes do setor aeronáutico, cujo ato de concentração foi submetido, simultaneamente, às autoridades antitrustes norte-americanas e da Comunidade Econômica Europeia.

Nesse caso, ocorreu o seguinte: a autoridade norte-americana decidiu aprovar, sob condições, a operação de fusão. Por sua vez, a autoridade concorrencial da Comunidade Europeia considerou incompatível a fusão com a manutenção dos padrões concorrenciais do Mercado Comum Europeu. A propugnada fusão entre as duas empresas não ocorreu.

Trazendo o caso da pretendida fusão entre a *General Electric* e a *Honeywell* ao contexto que interessa a essa análise, qual seja, o da homogeneização dos direitos nacionais, é possível vislumbrar três grandes hipóteses.

Primeira, a decisão da Comunidade Europeia — que acabou sendo o árbitro final do conflito — teve capacidade de produzir efeitos no direito dos Estados Unidos, país-sede das empresas que seriam concentradas, pois as empresas não se fundiram. Logo, uma entidade supraestatal — Comunidade Europeia —, portanto, não estatal, teve capacidade de influenciar a produção/aplicação do direito de um Estado.

Segunda, o caso também demonstrou que os efeitos da fusão seriam sentidos tanto por consumidores europeus quanto por consumidores norte-americanos, o que autorizou a intervenção tanto das autoridades públicas europeias quanto das norte-americanas. Assim, vislumbra-se a possibilidade de autoridades públicas intervirem sempre sobre condutas de agentes econômicos globais que tenham efeitos sob os limites territoriais de sua jurisdição.

E, finalmente, a terceira hipótese decorre das duas hipóteses anteriores e permite dizer que, para efeito da ação soberana dos Estados nacionais, mais importante do que o domicílio das empresas passa a ser o território em que as empresas operam.

Na mesma linha, vale fazer referência ao Protocolo de Kyoto, que, ao estabelecer limites quantitativos nacionais para emissão de gases prejudiciais à camada de ozônio e prever alguns mecanismos de flexibilização de direitos e créditos em níveis nacional, internacional e comunitário, suscita a hipótese da questão da *global governance*, isto é, dos ordenamentos jurídicos globais, que não podem ser enquadrados no âmbito dos Estados, porque vão além deles e a eles se impõem.

3.7 Redes de Governo e ambivalência jurídica

O *pathos* do direito produzido pelas Redes de Governos, sejam estas verticais ou horizontais, é constituído por dois fatores: primeiro, a ambivalência (ambi + valência) de suas conexões, que se caracteriza pela permanente possibilidade de *conectar-se/desconectar-se* com os distintos centros de poder de que emanam as diretrizes da regulação global; segundo, a ambivalência decorrente de sua geometria variável, que a todo momento exige, de seu intérprete/aplicador, a identificação da estrutura normativa — nacional, supranacional, regional — que se forma diante do caso a ser resolvido.

As redes servem de matriz tanto para conexão quanto para desconexão, na medida em que ressaltam o engajamento mútuo, ao mesmo tempo em que, silenciosamente, excluem ou omitem seu oposto, a falta de compromisso. Não é possível, portanto, imaginar a rede sem essa possibilidade de conectar-se e desconectar-se. Sem essas duas possibilidades, a rede torna-se inimaginável. Na rede, o conectar-se e o desconectar-se são escolhas igualmente legítimas e, portanto, gozam do mesmo *status* e têm importâncias idênticas.[79] Desse modo, ninguém pode, antecipadamente, saber qual a sua forma. Ela não existe, potencializa-se de várias maneiras, é polimorfa, isto é, tem a propriedade de assumir formas diversas e que não se deduz de uma forma fundamental. São vãs, portanto, as tentativas de domar essa turbulenta ambivalência, de tornar prognosticável o incognoscível.

Os valores do direito produzido em rede encontram-se, igualmente, fora e dentro do espaço nacional: é global e local simultaneamente, qualidade ínsita a quem tem dois valores. Ambivalência, aqui, portanto, significa: i) a possibilidade de se conferir ao direito mais de uma categoria é termo da linguagem para designar uma falha da função classificadora, mas que aplicada ao direito contemporâneo indica sua desordem específica, a exigir, continuamente, uma nova compreensão, fruto de sua momentânea apresentação e efêmera configuração; ii) o estado de exceção que caracteriza o direito contemporâneo — principalmente as normas que procuram regulamentar condutas econômicas — entendido o aporema como sendo os casos que não cabem no âmbito de normalidade abrangido pela norma jurídica, porquanto não encontram descrição no discurso da ordem jurídica vigente por não terem sido descritos nos textos que compõem essa ordem e, por isso, exigem decisão ante a imprevisibilidade que escapou à norma.

Assim, na ambivalência do tipo descrito no primeiro caso, pode-se dizer que seu intérprete/aplicador do direito tem sempre a angústia de estar lidando com situações que lhe deixam incapaz de decodificá-lo

---

[79] Para Bauman (2004, p. 12), "não faz sentido perguntar qual dessas atividades complementares constitui 'sua essência'! A palavra "rede" sugere momentos nos quais 'se está em contato' intercalados por períodos de movimentação a esmo. Nelas as conexões são estabelecidas e cortadas por escolha".

adequadamente e, assim, optar por uma das ações alternativas:[80] simultaneidade de dois sentimentos opostos, diante dos quais a vontade opta por um deles, regulando o seu procedimento pelo valor igual que atribui a ambos.

O interessante é que a ambivalência é fruto do desejo classificatório que consiste sempre em incluir ou excluir algo em uma categoria. Essa classificação se considera útil ou inútil de acordo com os fins a que se presta (CARRIÓ, 1990): auxiliar na atividade cognoscitiva do objeto. Contudo, a classificação gera, como consequência indesejada, o paroxismo da necessidade de mais classificação.

Nascida do impulso de nomear e classificar, a ambivalência somente pode ser combatida por meio de maior determinação através de mais nomeações e classificações. Tal conjunto de operações classificatórias acaba fomentando demanda ainda mais exigentes, gerando ainda mais lugar a ambiguidades. Nesse sentido, por paradoxal que possa parecer, a luta contra a ambivalência é tanto autodestrutiva quanto autopropulsora, na medida em que cria seus próprios problemas enquanto os resolve (BAUMAN, 1999).

Em um ambiente incerto, portanto, somente no caso concreto é possível verificar a geometria que permitirá ao intérprete/aplicador do direito identificar, apontar, diagnosticar a decisão a ser tomada, captando a estrutura e o conjunto de regras e de princípios que calibram a formação estrutural do direito para o caso.

Fomenta, dessa maneira, a necessidade do jurista adaptar sua própria e característica forma de pensar sistemático à natureza móvel do seu objeto, ou seja, requer que sua sistematização seja inerente ao objeto, porquanto este determina quais dos seus emaranhados normativos está fora ou dentro do espaço geométrico variável que forma a rede que envolve a conduta a ser modulada pelo direito.[81]

---

[80] Para Carrió (1990, p. 51), "podemos conceder todo eso sin dificultad y sosteniendo con firmeza que existen diferencias fundamentales entre el lenguaje de los juristas y un lenguaje formalizado. El primer no es sino una forma menos espontánea y menos imprecisa de lenguaje natural, que muchos juristas usan con la pretensión, consciente o no, de estar usando un lenguaje absolutamente riguroso".

[81] Maximiliano (1995, p. 247), de certa forma, já antecipava a fórmula: "Preceito preliminar e fundamental da Hermenêutica é o que mesmo definir, de modo preciso, o caráter especial da norma e a matéria de que é objeto, e indicar o ramo de Direito a que a mesma pertence, visto variarem o critério de interpretação e as regras aplicáveis em geral, conforme a espécie jurídica de que se trata. A teoria orientadora do exegeta não pode ser única e universal, a mesma para todas as leis, imutáveis no tempo; além dos princípios gerais, observáveis a respeito de quaisquer normas, há outros especiais, exigidos pela natureza das regras jurídicas, variável conforme a fonte de que derivam, o sistema político a que se

E, nesse contexto, ou seja, em função da distinção entre espaço econômico e espaço nacional, o Estado moderno não consegue resolver as ambiguidades do campo econômico, as quais escampam de seus limites fronteiriços, mesmo com todo seu aparato técnico e saberes que tem à disposição para ordenar, classificar e disciplinar a tecnoeconomia.

Por conseguinte, os Estados nacionais, temerosos do *demônio da ambivalência*, diante de um crescente poder subversivo — porque foge à sua pretensão ordenadora e classificatória — que cresce dentro e fora de seus limites, e que lhe retira a soberania, acabam tomando a decisão política de permanecerem neutros ante a tecnoeconomia, furtando-se à tentativa de controlá-la e submetendo-se ao seu poder, que tudo decide, tudo ordena, tudo classifica, mesmo que de forma efêmera e fragmentada, mas lastreada no poder das "leis naturais" do saber científico e progresso econômico. Portanto, a segurança e previsibilidade do direito vêm sendo colocadas em xeque, pois já não se sabe onde está o decisor, nem o que fazer no jogo cuja única regra definida é a exceção.

Por isso o avanço da *Lex Mercatoria*, dos contratos, em que as partes envolvidas em um negócio jurídico tentam minimizar os riscos de um ambiente em que não sabem exatamente a estrutura — o enfoque interno, voltado aos aspectos normativos do direito, tem dificuldades em elaborar um precisa descrição sistemática do emaranhado normativo — nem a função — o enfoque externo, dirigido às funções sociais do direito, que também enfrenta dificuldades para identificar a conduta valorada (axiológico) — do direito que as rege.

Dessa forma, o direito, fomentado pelas Redes de Governo e pela tecnoeconomia, as quais envolvem o mundo em um emaranhado de conexões e desconexões, requer que seu intérprete/aplicador promova a cada instante a adaptação de seu método às exigências do objeto a ser interpretado, a coalescência dos pontos de vista estrutural e funcional, e utilize a interdisciplinaridade para compreender de forma abrangente a inserção do direito na contemporaneidade.

É aí que se compreende por que Losano (2005, p. 281) argumenta que, apesar de o material jurídico apresentar as mesmas características de sempre, agora se modifica a forma de enfrentá-lo e organizá-lo, na medida em que se constata que o sistema com o qual se almejava colocar ordem no direito está na cabeça do sistematizador e não dentro do direito.

---

acham ligadas e as categorias diversas de relações que disciplinam. O que não partir desse pressuposto, essencial à boa Hermenêutica, incidirá em erros graves e freqüentes".

Ora, é preciso que o sistematizador, o intérprete/aplicador do direito, receba as determinações do objeto para elaborar um sistema que seja factível e compatível com este, sob pena de, não o fazendo, construir arquétipo inadequado à geometria variável do objeto que busca enquadrar.

Já no tipo de ambivalência descrito no segundo caso, isto é, a ambivalência decorrente do *estado de exceção*, como ela escapa totalmente à descrição da norma, não se restringindo, portanto, à divergência entre juristas ou à necessidade de estipulação terminológica, a unidade jurídica para a resolução do caso concreto apenas se deixará revelada no processo intrínseco de realização jurídica.[82]

Realização do direito que não se resume a atividade cognitiva: trata-se de desempenho cognitivo-volitivo, em que a vontade humana, embora modulada por argumentos retirados do direito positivo, assume papel central, de modo que o intérprete não se encontra vinculado a expressões linguísticas.

> Para considerar al caso como incluido o como excluido el intérprete se ve forzado a adjudicar a la regla un sentido que, en lo que hace al caso presente, hasta ese momento no tênia. Sólo así puede fundar en ella la inclusión o la exclusión. Ese sentido o significado no estaba el la regla. Claramente ha sido puesto por el intérprete sobre la base de una decisión no determinada por los hábitos linguísticos establecidos. Si esta adjudicación de sentido no es arbitraria (y no tiene por qué serlo), estará guiada por ciertos standards valorativos, sociales, políticos, económicos, etc., a la lus de los cuales se aprecian y sopesan las consecuencias de la inclusión o exclusión. Estos critérios adicionales son los que Dan fundamento a la decisión; no la regla o reglas del orden jurídico, que simplesmente no se oponen a ella. (CARRIÓ, 1990, p. 57)

Agamben (2004) considera que o *estar-fora e, ao mesmo tempo, pertencer* constitui a estrutura topológica do estado de exceção, já que o soberano que decide sobre o estado de exceção é logicamente definido por ela em seu ser. Assim, o soberano que decide sobre o estado de exceção permanece ancorado na ordem jurídica, embora a decisão relaciona-se com a própria anulação, ou seja, a completa desconsideração da norma, porque o estado de exceção representa a inclusão e a captura de um espaço que não está fora nem dentro.

---

[82] Agamben (2004), com base em Benjamin (1994), especificamente da tese VIII, de *Sobre o conceito de história*, assume que o estado de exceção tornou-se a regra da contemporaneidade. Para compreendê-lo e desocultá-lo, procura em Schmitt (2006) as categorias das estruturas jurídico-políticas que lhe dão sustento.

Esse estado, o de exceção, não é nem exterior nem interior ao ordenamento jurídico, porquanto o problema de sua definição revela a totalidade de sua ambivalência, uma vez que constitui uma zona de indiferença em que dentro e fora não se excluem, mas se indeterminam, regulando seu procedimento pelo valor igual que atribui a ambos.

> O estado de exceção é, nesse sentido, a abertura de um espaço em que aplicação e norma mostram sua separação e em que uma pura força de lei realiza (isto é, aplica desaplicando) uma norma cuja aplicação foi suspensa. Desse modo, a união impossível entre norma e realidade, e a consequente constituição do âmbito da norma, é operada sob a forma de exceção, isto é, pelo pressuposto de sua relação. Isso significa suspender sua aplicação, produzir uma exceção. Em todos os casos, o estado de exceção marca um patamar onde lógica e práxis se indeterminam e onde uma pura violência sem logos pretende realizar um enunciado sem nenhuma referência real. (AGAMBEN, 2004, p. 63)

Grau (2006), ao seu turno, apesar de considerar que a exceção é o caso que não cabe no âmbito da normalidade abrangido pela norma geral, afirma que ela não está inserida para além do ordenamento, porquanto a sua zona de indiferença (ambivalência) é capturada pelo direito, uma vez que a norma suspende-se (ou seja, não deixa a exceção se subtrair à norma) para dar lugar à exceção. Por isso, embora não prevista pelo direito positivo, a situação de exceção há de ser decidida em coerência com a ordem concreta da qual a Constituição é a representação mais elevada: ordem concreta anterior ao direito posto pelo Estado e que expressa a visibilidade de um *nómos*.

Estando o *estado de exceção* dentro ou fora do âmbito jurídico, conforme se adotem as abordagens de Grau ou Agamben, o importante é ressaltar que ambas deixam revelá-lo como fonte de ambivalência, porquanto a decisão, tanto em um, quanto em outro, suspendendo o direito ou retirando-se do direito, implica a existência de um momento de indeterminação que somente finda com o ato de exceção.

Fim momentâneo e efêmero do estado de exceção, uma vez que a tecnoeconomia, com seu processo destrutivo-criativo, marcado pelo viés niilístico contemporâneo, requer perene readaptação e inovação dos ambientes em que se desenvolvem, medidas emergenciais que a sustentem e, agregadas a tudo isso, pretensões normativas planetárias que provocam um verdadeiro emaranhamento institucional, cuja governança em rede, com seus múltiplos e poliformes centros de emanação de poder, que se conectam e se desconectam continuamente, produzem a ambivalência permanente do tecnodireito e ofusca a possibilidade de identificação de quem decide no momento da exceção.

Por isso, no início, segundo a tradição savignyana, fala-se apenas no elemento teleológico da interpretação. Agora, há que se ir mais longe: a própria decisão tem consequências que não podem deixar de ser ponderadas no momento da correspondente formulação.

Na concretização do direito produzido em rede, há que se entender sua realidade concreta e as forças que o forjam, porquanto a tecnoeconomia e a Rede de Governos, ao instituírem normas jurídicas, visam a objetivos imediatos em relação ao que desde logo resulte sua aplicação, cuja necessidade de decisão surge em razão das ambivalências.

As ambivalências: há de se compreendê-las e enfrentá-las, no sentido de embutir à sua interpretação/aplicação as consequências, justas ou injustas, que sua efetivação espalhará sobre a sociedade, pois constituem o ponto de fuga onde o direito e o político não se deixam aprisionar pela lógica tecnoeconômica. É justamente neste ponto de fuga, nessa abertura, que a interpretação deixa de ser ato teórico, para se tornar decisão. Isso releva a importância da decisão no direito contemporâneo, *cujus regio ejus oeconomia*, bem como a necessidade de se identificar as responsabilidades políticas de quem o cria, de quem o interpreta e de quem o aplica. Contudo, para isso, é preciso compreender o direito na era da reprodutibilidade tecnoeconômica.

Capítulo 4

Direito na Era da Reprodutibilidade Técnica

Sumário: **4.1** Neutralidade técnica – **4.2** Tecnodireito – **4.3** Tecnodireito e homogeneização jurídica – **4.4** Dicotômica polaridade entre ética e economia

Existe um quadro de Klee intitulado 'Ângelus Novus'. Nele está representado um anjo, que parece estar a ponto de afastar-se de algo em que crava o seu olhar. Seus olhos estão arregalados, sua boca está aberta e suas asas estão estiradas. O anjo da história tem de parecer assim. Ele tem seu rosto voltado para o passado. Onde uma cadeia de eventos aparece diante de nós, ele enxerga uma única catástrofe, que sem cessar amontoa escombros sobre escombros e os arremessa a seus pés. Ele bem que gostaria de demorar-se, de despertar os mortos e juntar os destroços. Mas do paraíso sopra uma tempestade que se emaranhou em suas asas e é tão forte que o anjo não pode mais fechá-las. Essa tempestade o impele irresistivelmente para o futuro, para o qual dá as costas, enquanto o amontoado de escombros diante dele cresce até o céu. O que nós chamamos de progresso é essa tempestade.

(BENJAMIN, 1994, p. 226)

4.1 Neutralidade técnica

Pode-se dizer que, quando uma área se torna central para o espírito, todos os problemas de outras áreas passam a ser interpretados a partir dela. Nesse sentido, ficam valendo como problemas de segunda ordem, cujas soluções realizam-se por si mesmas, bastando que se solucionem os problemas da área central.

Portanto, todos os conceitos da esfera espiritual são pluralísticos e, dessa forma, somente podem ser compreendidos a partir da política concreta. Assim, ao recordar os grandes movimentos do espírito dos últimos quatro séculos e identificar as variadas esferas espirituais em que ele alocou o centro de sua existência humana, verificam-se, simultaneamente, os grandes movimentos políticos por eles envolvidos, que corresponderiam aos seguintes:

1. teológico;
2. metafísico;
3. humanitário-moral;
4. técnico-econômico.

A partir desses centros, fica evidente a virada histórica da teologia do século XVI para a metafísica do século XVII. O século XVIII, que se afasta da metafísica do século XVII, constitui apropriação literária dos grandes acontecimentos do século XVII, humanização e racionalização. A ele se segue o século XIX como século de uma ligação aparentemente híbrida e impossível entre as tendências estético-românticas e técnico-econômicas, de forma que o caminho do metafísico e da moral até o econômico passa pelo estético, que constitui o caminho mais cômodo para uma constituição espiritual que encontra suas categorias centrais da existência humana na produção e no consumo.

O técnico aparece no século XIX, na sua mais estreita ligação com o econômico, como sendo o "industrialismo". O exemplo marcante disto é encontrado na obra de Marx, que considera o econômico a base fundamental, a infraestrutura de todo o espiritual. E no núcleo econômico, o sistema marxista já vê o técnico, uma vez que determina as épocas econômicas da humanidade segundo o meio técnico específico. Aliás, a crença na técnica e no iluminismo econômico mostra a área que se torna central para o espírito.[83]

---

[83] "A noção de um *progresso*, por exemplo, de uma melhoria ou um aperfeiçoamento, em termos modernos de uma racionalização, foi dominante no século XVIII, e isto numa época de crença humanitário-moral. Progresso significava sobretudo progresso no esclarecimento, progresso na formação cultural, autodomínio e educação, aperfeiçoamento *moral*.

Logo, para um tempo tecnoeconômico, requer-se apenas que se solucionem adequadamente os problemas ínsitos à produção de bens e de sua distribuição, sendo que, com isso, todas as demais questões, sejam morais ou sociais, passam imediatamente ao plano secundário, deixando de ser encaradas como problemas ou dificuldades. Aliás, o progresso técnico do século XIX se torna tão assombroso e evidente que por ele se alteram todas as situações econômicas e sociais. E de modo tão rápido ocorre a evolução técnica, que os problemas morais, sociais, políticos e econômicos são envolvidos por essa realidade do desenvolvimento técnico.[84]

As progressões sobre as quais falamos, isto é, do teológico, passando pelo metafísico e pelo moral e chegando ao econômico, significam, simultaneamente, uma série de múltiplas e contínuas neutralizações das áreas das quais foi deslocado o centro. Ocorre, nessas progressões, o abandono de uma região de disputas e a concomitante busca por outra região neutra. Assim, a área central de até então passa por um processo de neutralização, por deixar de ser a área central, e, sob o solo da nova área central, buscar-se-á encontrar o mínimo de concordância e premissas comuns que permitam o fomento da segurança, evidência, entendimento e paz.

No século XIX, primeiro o monarca e depois o Estado tornam-se grandezas neutras, ratificando a doutrina liberal do *pouvoir neutre* e do *stato neutrale*, apanhando, desse modo, o processo de neutralização, o próprio poder político, ou seja, o poder decisivo.

Contudo, pela dialética de tal movimento, do próprio deslocamento da área central, emerge, por assim dizer, do primevo campo de lutas, sobre o qual, anteriormente considerado neutro, novamente, com revigorada intensidade, a oposição dos homens e dos interesses,

---

Em uma época de pensamentos econômicos ou técnicos o progresso é pensado tácita e naturalmente como progresso econômico ou técnico, e o progresso humanitário-moral aparece, na medida em que ele ainda possa interessar, como produto derivado do progresso econômico" (SCHMITT, 1992, p. 111-112).

[84] "Sob a enorme sugestão de sempre novas e surpreendentes invenções e realizações surge uma religião do progresso técnico, para a qual todos os outros problemas se resolvem por si mesmos, graças justamente ao processo técnico. Para as grandes massas dos países industrializados esta crença era evidente e indiscutível. Essas massas saltaram por cima de todas as etapas intermediárias que são características para o pensamento das elites dirigentes e a crença nos milagres e no além se transforma logo para elas, sem nenhum termo médio, numa religião do milagre da técnica, das realizações humanas e da dominação da natureza. Uma religiosidade mágica passa para uma tecnicidade igualmente mágica. É assim que o século XIX se mostra em seu início, como a época, não apenas técnica, mas também de uma crença religiosa na técnica" (SCHMITT, 1992, p. 110).

na medida em que se toma posse da nova área objetiva. Como em uma dança, caminha-se de uma área de lutas para uma área neutra; daí, a nova área neutra, paulatinamente, torna-se região de lutas e, com isso, faz premente a procura por novas áreas neutras.

Assim, passa-se do pensamento teológico do século XVII para um sistema de cientificidade "natural", do qual Deus é colocado para fora do mundo na metafísica do deísmo do século XVIII, tornando-se instância neutra ante as lutas e oposições da vida real, deixando de ser um Ser essencial, para tornar-se um conceito. Da mesma forma, como as ciências da natureza não foram capazes de trazer a paz, passa-se das guerras religiosas para as guerras nacionais do século XIX, meio determinadas culturalmente, meio determinadas economicamente, e, por fim, surgem guerras simplesmente econômicas.

Hoje, a crença na técnica espalha-se largamente, baseada na evidência de que se poderia encontrar na técnica o definitivo solo neutro, pois, ao menos aparentemente, não há nada mais neutro do que a técnica.[85] Chega-se mesmo a acreditar que, no campo da técnica, todas as nações, classes e confissões podem chegar a um acordo, porquanto todas as contendas são niveladas em um terreno completamente neutro, e todos se servem das vantagens e comodidades do conforto técnico: a técnica, portanto, aparenta ser a esfera da paz e da reconciliação por excelência. Entretanto, a neutralidade da técnica diferencia-se das neutralidades encontradas até então, porquanto a técnica constitui-se, enquanto técnica, justamente por ser instrumento e arma, e, por poder servir a qualquer um, deixa de ser neutra.[86]

Tem-se, pois, que o processo de grandes neutralizações das diversas áreas do agir humano chegou ao fim, justamente porque ele chegou à técnica. Nesse sentido, a técnica deixou de ser terreno neutro em relação àquele processo de neutralização e, por isso, toda política forte há de se servir dela. Por conseguinte, somente em sentido provisório, podemos

---

[85] Em comparação com as questões teológicas, metafísicas, morais e mesmo econômicas, sobre as quais se pode lutar eternamente, os problemas puramente técnicos possuem algo de agradavelmente objetivo: eles conhecem soluções que parecem evidentes, e se pode compreender que as pessoas procurem se salvar da problemática inextricável de todas as outras esferas na tecnicidade.

[86] "Da imanência da técnica não brota nenhuma decisão humana e espiritual, e menos ainda uma em favor da neutralidade. Toda espécie de cultura, cada povo e cada religião, cada guerra e cada paz pode se servir da técnica como arma. [...] A partir do puro 'nada afora a técnica' não se deixa, conseqüentemente, tirar nenhuma das conclusões que de resto podem ser deduzidas da área central da vida espiritual: nem um conceito de progresso cultural, nem o tipo de um 'clerc' ou líder espiritual, e nem de um determinado sistema político" (SCHMITT, 1992, p. 116).

conceber o século atual, em um sentido espiritual, como século técnico, porquanto o sentido definitivo somente revelar-se-á quando vier à tona qual espécie de política é suficientemente forte para se apoderar da nova técnica e se evidenciar quais serão os verdadeiros agrupamentos de amigos e inimigos que germinarão sobre este novo terreno.

Dessa forma, os problemas do mundo passam pela solução dos problemas econômicos e técnicos, cuja matriz política não pode deixar de estar conectada, seja como força econômica, seja como força representativa do saber.[87]

> O essencial deste fenômeno consiste em que um Estado de economia homogênea corresponde ao pensamento econômico. Um Estado deste tipo quer ser um Estado moderno, *ciente* de sua própria situação espiritual e cultural. Ele precisa apresentar a pretensão de conhecer corretamente o desenvolvimento histórico total. Um Estado que numa época econômica renuncia a reconhecer e dirigir por si mesmo as condições econômicas tem de se declarar neutro frente às questões e decisões políticas e com isso renuncia à sua pretensão de dominar. (SCHMITT, 1992, 113)

Far-se-á, agora, análise e consequente crítica dos processos de *tentativa de neutralização* operados pela técnica e pela economia sobre o direito para, ao depois, sustentar-se a necessidade do resgate da força do político como próprio do agir humano e do direito como organização desse agir para decidir os destinos do mundo.

4.2 Tecnodireito

Por autonomia política, ou espaço do político, refere-se, também, à autonomia do direito em relação a outras forças terrenas, porquanto a escolha dos fins pertence à política, restando aos burocratas ou tecnocratas apenas a escolha dos meios adequados à sua realização.

Não há, portanto, nenhum critério superior que permita dizer, com absoluta neutralidade, a resposta adequada para os fins da política, pois somente a ela cabe a determinação dos fins. Nesse sentido, é preciso saber que, sobre as condutas reguladas, há sempre a vontade de outrem,

---

[87] "Hoje, dada a maior consciência de que a observação sensorial é permeada por categorias teóricas, o pensamento filosófico em suas correntes principais afastou-se decididamente do empirismo. Além disso, desde Nietzsche, estamos mais claramente cônscios da circularidade da razão, bem como das relações problemáticas entre conhecimento e poder" (GIDDENS, 1991, p. 55).

sobre a qual se desenvolve a técnica do direito que constitui, também, objeto de outras técnicas, que tentam por suas forças imporem suas respectivas vontades de domínio. Tem-se, assim, o conflito do direito com outras técnicas que não se deixam dominar facilmente.

Pelo contrário, tais técnicas exprimem suas forças e se opõem mesmo ao direito vigente, dando margem a um antagonismo forte e latente. Em muitos casos, o direito encontra-se diante de duas forças que se aliam: a técnica e a economia. Isso constitui a tecnoeconomia, por meio da qual os saberes atendem a demanda das forças produtivas por novos métodos e descobertas, por estas solicitadas e sustentadas. O crucial, aqui, é que a tecnoeconomia tem pretensões normativas, isto é, pretende, também, determinar o conteúdo do próprio direito. Nesse sentido, as normas jurídicas emanadas do poder político são aceitas ou refutadas segundo sua adequação aos desejos de reprodução sociometabólica do capital.

> La Globalización impone un retroceso general de las instituciones de La democracia representativa. Tiende a cambiar La organización interna de cada Estado, dentro del cual las autoridades tecnocráticas tienen La delantera sobre las autoridades políticas, y siempre nuevas *authorities* independientes ocupan El lugar de los cuerpos electivos. Éstas son más abiertas a los circuitos internacionales, menos ligadas a intereses locales y más idóneas para dialogar dentro de La sociedad global. (...) invierte poderes supremos de decisión. (GALGANO, 2005, p. 93)

Isso ocorre porque o processo de integração internacional dos mercados tem sido impulsionado pela constante inovação tecnológica que se faz possível pelo financiamento do capital financeiro internacional. Estes, juntos, perfazem a tecnoeconomia, que, para sustentar a reprodutibilidade do capital, requer a reprodução jurídica global dos ambientes que os tornem possível, bem como permitam a rápida transformação do capital fictício ou capital financeiro em moeda equivalente geral, que, posteriormente, gera crédito e permite o agrupamento de capital que irá financiar novas inovações dentro do círculo de metamorfose do capital.

Daí decorre da tecnoeconomia produzir o tecnodireito, uma vez que as normas jurídicas são aceitas, fomentadas ou negadas de acordo com seu impacto sobre o funcionamento do mercado. É como se a economia de mercado assumisse, nesse sentido, a posição do velho direito natural, colocando-se como critério de análise da adequação do direito positivo, lutando por sua preservação ou patrocinando sua reforma.

Portanto, a vontade guia do processo normativo é a vontade da tecnoeconomia, que substitui as antigas categorias fundantes do direito, em que as leis naturais da economia passam a ser guardiãs e mantenedoras do direito positivo econômico.

Ora, com isso, temos uma inversão de papéis, posto que o regulado se arvora na função de regulador ao ponto mesmo de lutar para impor suas próprias regras, situação em que as leis naturais da economia tendem a se colocar além e sobre as normas jurídicas.

Retira-se, nesse contexto, o espaço de atuação política; porquanto, não há lugar para choque de visões, divisões e desencontros, já que a neutralidade e naturalidade das leis econômicas constituem a fonte da qual se deduzem as regras justas e oportunas do direito. Portanto, a tarefa de descoberta das leis justas e oportunas acaba sendo confiada à labuta neutra e pacificante do especialista, efetivando o ideal da tecnicidade.

Essas são, pois, as forças com as quais o direito vai de encontro na atualidade e com as quais precisa restabelecer o jogo de forças, em que a tecnoeconomia apresenta-se dotada de espacialidade ilimitada, ampliando para o próprio globo sua vontade de poder, enquanto a força política ermanece contextualizada, agindo nos limites da territorialidade.[88]

Para Teubener (1999), as operações jurídicas transnacionais permitem constituir formas jurídicas independentes do soberano político, ligando indiretamente o direito aos outros subsistemas sociais. Se a sua produção se afasta da política é porque o atrelamento estrutural do sistema político e do sistema jurídico não corresponde às constituições da sociedade mundial. A sua lógica de produção normativa e de argumentação jurídica não pode então provir do elo organizacional e do recurso simbólico-legitimatório do soberano político.

---

[88] "El pasaje de una a otra conformación de las relaciones entre Estado y economía produce consecuencias de no poca importancia, entre las cuales se destaca la siguiente: si antes la economía debía tener en cuenta al Estado, ahora es el Estado el que debe tener cuenta la economía. De hecho, los Estados son juzgados por sociedades que establecen su rating, del cual depende el valor de los títulos de deuda emitidos por el Tesoro. Y gran parte de la política económica de los gobiernos nacionales, de proactiva ha devenido reactiva. Si antes guiaba la economía, ahora es adherente o adaptativa: tiende a corregir las tendencias de la economía, cuyo andamiaje general escapa a los gobiernos nacionales" (CASSESE, 2003, p. 64).

O processo de integração internacional dos mercados, ao suscitar esses novos arranjos institucionais que se conectam em nível local, nacional e global, fomenta, também, a ambivalência institucional por meio da pluralidade de fontes normativas em contínua e incessante produção para atender as demandas tecnoeconômicas, que, por sua vez, provocam a homogeneização — seja uniformizando, seja harmonizando — das estruturas jurídicas que possibilitam a convergência dos comportamentos objetivados pelos agentes econômicos.

Assim, mesmo que a convergência de objetivos comportamentais — condutas que levam aos resultados almejados — não implique, necessariamente, convergência institucional — organização que possibilita a realização das condutas almejadas —, entrevê-se que as estruturas jurídicas, cujo funcionamento, nos diversos Estados, era representado por uma pirâmide — da norma fundamental superior aos comandos normativos inferiores —, estão sendo substituídas por uma estrutura em rede.

A *Lex mercatoria* não remete à vontade do legislador nacional, mas a um fundo de materiais semânticos não jurídicos, a hábitos do comércio, aos costumes de conduta e práticas comerciais surgidas sob as condições caóticas do mercado mundial, ou, mais precisamente, a práticas ditadas pelos interesses econômicos dominantes (TEUBENER, 1999). Nesse sentido, podemos dizer que o processo de integração internacional de mercados estendeu ao direito o conceito de produto: a norma jurídica ao lado de qualquer bem do mercado é, também, produto.

E, uma vez que a crise é uma das características do capital, há a frenética generalização de medidas jurídicas emergenciais — que eram pressupostas como excepcionais — produzidas pelo tecnodireito com o intuito de resolverem problemas do capital, que requerem, constantemente, medidas excepcionais aptas a instrumentá-lo para sua permanente necessidade de adaptação: é o estado de exceção econômica em que se vive na contemporaneidade. Nesse sentido Agamben (AGAMBEN, 2004), ao criticar a noção de razão vinculada à crença de que racionalizar constitui no processo de assegurar a vida por meio da posição de critérios normativos de justificação intersubjetivamente partilhados, assinala que Schmitt, acertadamente, profetizou que o estado de exceção se consubstanciaria ao paradigma de governo da modernidade, atingindo, hoje, seu pleno desenvolvimento.[89]

---

[89] Para Agamben (2004), a generalização contemporânea do estado de exceção fornece o quadro de análise da tendência de se criar rotineiramente situações nas quais a distinção entre estado de guerra e paz tornam-se praticamente impossível.

Tem-se, portanto, incessante processo de produção e consumo de normas, perseguindo fins únicos e com específicos sentidos e que refutam qualquer apelo à unidade. Sua racionalidade tem caráter técnico e está na coerência recíproca dos fins e na precisão instrumental dos meios. A produção normativa, dessa forma, obedece às necessidades da reprodução sociometabólica do capital, uma vez que as leis devem — segundo os casos, e, portanto, sobretudo pelo caso — ser provisórias ou duradouras, de conjuntura ou de estrutura, de emergência ou de estabilidade.[90]

Aliás, Agamben (2004) agrega à teoria de Schmitt sua análise dos trabalhos de Benjamin, uma vez que, perfilhado a este, acredita que o avanço da política não ocorrerá por meio da restituição do estado

---

[90] Para Irti (1999), atualmente, a lei assume caráter concreto e individual, que eram elementos característicos dos negócios privados. Assim, deixa de ser o cânone geral e abstrato da ação, para se tornar resposta a um específico e determinado problema. Assume, assim, a linguagem legislativa, de um lado, indicação de programas e de resultados desejáveis para o bem comum; e, de outro lado, terminologia científica (técnica), econômica, industrial, conexa com os problemas da contemporaneidade.

As leis, desse modo, multiplicam-se e se diferenciam não apenas em termos numéricos, mas também em modalidades expressivas e sintáticas, na medida em que se apropriam/revelam nos termos do léxico particular ou simples dialeto da matéria regulada.

As linguagens da lei, portanto, múltiplas e discordantes, prolixas e ambíguas, declaratórias e programáticas, não se permitem mais serem reduzidas à linguagem unitária do direito civil, da qual o intérprete possa isolar critérios constantes e unívocos de leitura. Por isso, a interpretação da lei não pode mais ser pensada nos termos da ciência jurídica clássica.

Nesse contexto, os próprios significados carregados pela palavra, bem como a intenção do legislador adquirem um outro valor, porquanto a "propriedade" do significado não pode ser encontranda dentro do léxico jurídico tradicional, que a lei abandona ou simplesmente modifica, mas no âmbito da terminologia usada nos diversos campos das disciplinas. Por isso se diz que a propriedade do significado será encontrada na mesma especificidade/particularidade da matéria regulada, a qual impõe ao legislador específicos vocábulos e módulos expressivos.

Assim, tem-se uma lógica normativa que, em vez e indicar meros instrumentos, persegue fins determinados, a intenção do legislador é a mesma coisa que uma escolha de fins: não se prende a uma razão geral, comum a todo sistema ou a um grupo orgânico de institutos, mas sim a um singular e específico fim.

A norma não se resume, portanto, a um esquema hipotético, que recolhe determinadas consequências jurídicas decorrentes de uma situação de fato, mas indica fins preestabelecidos, como por uma intrínseca necessidade de descrever aos destinatários uma ordem econômica e um projeto de sociedade.

Coerente ou incoerentes que sejam, o intérprete não pode prescindir daquele fim indicado, sob o risco de sobrepor à lógica da lei uma refutação política dos fins perseguidos ou de professar uma inútil e melancólica fidelidade ao sistema de códigos.

Isso significa dizer que a lei, escolhendo os fins e requerendo determinada atividade, ocupa espaço que a ideologia liberal reservava às decisões dos sujeitos privados. Essa lei se faz, portanto, de geral e abstrata, em individual e concreta; de regra do jogo, ignária dos resultados obtidos, expressão de direção e tutela de específicos interesses. O processo de juridificação, desenvolvendo-se mediante leis, acaba por modificar a intrínseca estrutura e acaba por prescrever regras específicas de determinadas atividades.

anterior à normalização do estado de exceção em que se vive, mas, pelo contrário, aquele avanço ocorrerá, sim, pela radicalização deste, passando, pois, de um estado de exceção virtual ao efetivo, porque nele emerge o elemento que demonstra o caráter ambivalente do nexo entre violência e direito.

Como o estado de exceção se normalizou, para que a produção seja racional e a vontade normativa se desenvolva sem problemas e atritos, o direito adota os modos do processo, processo de produzir e aplicar direito, canais prontos a acolher qualquer conteúdo e, por isso, indiferentes ante esses conteúdos. Esse é o direito da era da reprodutibilidade técnica, impregnado pela linguagem tecnoeconômica — técnica, produção, eficiência, celeridade, processo e funcionalidade. Nessa nova situação, o sentido do direito se fragmenta e se dispersa em meio aos sentidos de normas imprevisíveis. Aliás, o seu sentido mais próprio e mais estável apresenta-se na sua função de processo: não naquilo que é produzido, mas no como se produz. Por isso, já não se tem um sentido tradicional de direito e contenta-se com os direitos arbitrários, que são expressões da necessidade de que exista um direito.

A garantia de um tempo que impedia ou limitava a dispersão do querer, em que mecanismos de controle balizavam a expressão da vontade normativa, está desaparecida. A normatividade jurídica se livra de todo presídio: unidade teológica do mundo, espírito do povo, sacralidade do poder, ordem conclusa dos códigos. Agora, o direito nasce da força em ação, da relação de vontade, confiada à contingência e causalidade. Toda norma é frágil e provisória, vem do nada e pode ser reconduzida ao nada. Apesar de cada uma dessas normas ter um sentido, os fins e meios de escolha da vontade humana não se deixam remeter a uma unidade de sentido ou a uma totalidade globalizante. Tem-se, pois, um direito carente de sentido firme e eterno, manco de um devir escrito na unidade, porquanto fruto de absoluta causalidade da vontade. A vontade do homem expande-se ilimitada no direito e se faz máquina de produzir normas.

Atualmente, a *norma*, produto da vontade contingente e dos interesses ocasionais, rompe com a tradição, isto é, com a linguagem conceitual e classificatória do passado; o intérprete não pode reintegrá-la com velhas roupagens. A validade do direito, o valer da norma como norma, depende antes de tudo do querer, que percorreu o processo e assumiu a forma estável (estabilidade, é obvio, sempre da vontade, que tem capacidade para substituí-la, ab-rogá-la ou modificá-la). Assim, a aceitação do fortuito e do ocasional constitui a resposta ante o desaparecimento da antiga ou falsa unidade. É preciso deixar viver a contingência, pois o método não tem o condão de assinalar ao direito o destino que este não é capaz de oferecer. "Il método dei nostri studî, disperando di qualsiasi asilo o cripta misteriosa, deve rendersi solidale com questo divenire, com questa mancanz di destinazione" (IRTI, 2005, p. 13).

Dessa forma, a tecnoeconomia produz o niilismo jurídico, que se faz consciente não por uma ausência de fins (os quais são múltiplos e fortuitos), mas por uma ausência de necessidade, pela ausência de sentido para a vida, por uma abertura a todas as escolhas e a todas as soluções.

> I due fenomeni, di cui si sono ora tracciate le linee più salientei — nhilismo e formalismo —, constituiscono La modernità giuridica. Fenomeni, Che vediamo giungere a limiti esremi nella dimensione planetária della tecnoeconomia. La globalizzazione sradica il diritto daí luoghi antichi, e lo getta dinanzi all'a-topia dei mercati. Le norme sono ormai sensa pátria: il diritto, Che voglia inseguire e catturare gli scambî globali — telematici o televisivi, o altri, introdotti dalla técnica —, si trova nella necessita di sciogliersi daí luoghi nativi, e di tendere fino allo spasimo le risorse dell'artificialità. [...] La misura della regola è impari rispetto Allá misura del regolato. Si è rotta La coestensione territoriale tra sfera econômica e sfera político-giuridica. (IRTI, 2005, p. 27-28)

Trata-se, pois, de aproximar-se de um direito novo com um pensamento novo, que tudo absorve na historicidade. O método, portanto, tem, aqui, honesta desenvoltura que deriva da aceitação da realidade, da sua recepção dentro da mesma imagem da ciência jurídica. Por isso, se experimentamos um método interno ao objeto é porque esse objeto é dilacerado e contextualizado na potência em campo, exprimindo-se fortuito e casual e porque sua manipulação assume o caráter ora explorativo, ora de primeira e vigilante leitura.

O método apenas pode vir da íntima proximidade com o objeto, fazê-lo interno à própria temporalidade. Essa leitura, metodicamente interna ao objeto, revela os graus de unidade e coerência entre as normas em exame e a possibilidade de que sejam ordenadas em um ou mais sistemas ou se estão fora de cada sistema. Portanto, o objeto, reclamando a adequação do método, determina a existência ou inexistência de uma totalidade sistemática.

4.3 Tecnodireito e homogeneização jurídica

Na contemporaneidade, há vários subsistemas que se integram internacionalmente, e a questão da ordem interna não consegue ser realizada sem recursos a resolução da ordem global. Pensando em tais termos, Giddens (1991) acredita que a questão da ordem deve ser reformulada para que se permita pensar a ordem como um problema de como se dá nos sistemas sociais a *ligação* tempo e espaço. Assim, devemos analisar como as instituições modernas se situaram no tempo e no espaço para extrair alguns traços distintivos da modernidade como um todo.

Nesse sentido, o conceito de *desencaixe*, que procura designar o deslocamento das relações sociais de contextos de interação locais e sua reorganização por meio de extensões indefinidas de tempo e espaço, vem a ser o instrumento apto a capturar os alinhamentos de tempo e espaços vitais para a natureza da modernidade. Outrora, os marcadores temporais eram feitos com referência a outros marcadores socioespaciais; dessa forma, o *quando* vinha conectado, quase sempre, ao *onde*.

A invenção do relógio mecânico marcou significativamente a separação entre tempo e espaço (final do século XVIII). Tal mecanismo expressa, pois, a dimensão uniforme do tempo vazio, que possibilita a quantificação precisa das zonas do dia e, por consequência, da jornada de trabalho, por exemplo. Esse esvaziamento do tempo teve, como um dos seus principais aspectos, a padronização, em escala mundial, dos calendários.[91]

No mesmo sentido, o esvaziamento do tempo funcionou como condição necessária ao esvaziamento do espaço, uma vez que a coordenação por meio do tempo torna-se a base de controle do espaço. O desenvolvimento, ao seu turno, do espaço vazio significa a desvinculação entre espaço e lugar. Com lugar sendo utilizado para significar a ideia de localidade, que se refere ao cenário físico da atividade social geograficamente situada. "Nas sociedades pré-modernas, espaço e tempo coincidem amplamente, na medida em que as dimensões espaciais da vida social são, para a maioria da população, e para quase todos os efeitos, dominadas pela 'presença' — por atividades localizadas" (GIDDENS, 1991, p. 27).

A modernidade age de forma que atua para desacoplar o espaço do tempo, possibilitando as relações entre outros ausentes, localmente

---

[91] "Não teoricamente, como para Einstein, mas palpavelmente, perceptivelmente, na vida cotidiana: as horas tinham durações diferentes, mais longas ao meio-dia do que à noite ou de manhã. Coisa inconcebível para nós, os homens de hoje. Para nós, o tempo é um curso regular; e este conceito do tempo, o único admissível. Não nos entra na cabeça que houvesse, outrora, gente para a qual esse conceito não existia. Na realidade, porém, todas as civilizações antigas tinham uma noção do tempo diferente da nossa" (THIEL. *E a luz se fez:...*, p. 20).

distantes e sem necessidade de interação face a face. Assim, os lugares se tornam, de certa forma, fantasmagóricos, uma vez que os locais acabam por ser inteiramente forjados e penetrados por influências sociais que deles se encontram distanciados. Ora, nessas condições, a forma ou estrutura do local já não é apenas o que está presente, ou seja, em cena, mas, também, as relações distantes que determinam sua natureza.

O interessante é que o rompimento entre tempo e espaço possibilita, por paradoxal que possa parecer, a base para sua recombinação em relação à atividade social. Possibilita, assim, a criação de dispositivos de ordenação tempo-espaço que permitam a realização do dinamismo corrente na modernidade. E o faz, principalmente, por três razões:

I. a separação entre tempo e espaço e sua consequente formação em dimensões padronizadas, ou seja, vazias, acaba por penetrar as conexões entre atividade social e seus encaixes nas particularidades dos contextos da presença. Essa é a condição principal do processo de desencaixe, no qual as instituições desencaixadas alargam o escopo do distanciamento tempo-espaço e, para obterem esse efeito, precisam de mecanismos de controle que permitam a coordenação do tempo e do espaço, possibilitando mudanças que se liberam das restrições dos hábitos e das práticas sociais;

II. proporciona mecanismos para organização racionalizada da vida moderna, inclusive a conexão entre o local e o global que afeta rotineiramente a vida de milhões de pessoas;

III. a historicidade radical, associada à modernidade, depende das formas de inserção no tempo e no espaço, formando um sistema de datação padronizado, universalmente conhecido, que possibilita a apropriação de um passado unitário.

É notório, hoje, que as condições de desencaixe proporcionadas pelas economias monetárias modernas são imensamente maiores do que qualquer civilização em que existia dinheiro, uma vez que o dinheiro em si mesmo tornou-se independente dos meios pelos quais é representado, porquanto assume a forma de pura informação (moeda escritural armazenada como números em uma base de dados).[92] Por

---

[92] "É errada a metáfora de ver o dinheiro, como faz Parsons, em termos de meio de comunicação circulante. Como moedas ou notas, o dinheiro circula; mas numa ordem econômica moderna o grosso das transações monetárias não assume esta forma. Cencini salienta que as ideias convencionais de que o dinheiro 'circula', e pode ser pensado em termos de um 'fluxo', são essencialmente equívocas. Se o dinheiro fluísse — digamos, como água — sua circulação seria diretamente expressa em termos de tempo. Seguir-se-ia disto que quanto maior a velocidade, mais estreita seria a corrente necessária para

isso, uma das formas mais características de desencaixe da época moderna consiste na expansão dos mercados capitalistas (aí incluídos os mercados monetários), que ocorre de forma muito cedo em um escopo internacional.

O direito global reflete, de certa forma, essas mudanças operadas pela tecnoeconomia. Nesse sentido, a construção da artificialidade, que é própria ao direito, constituindo seu mundo, é utilizada de forma instrumental pela tecnoeconomia, que busca tornar homogênea a vontade planetária.

A partir da vontade, que escolhe meios e instrumentos adequados à realização de seus objetivos, nasce e se desenvolve o direito. Tem-se, aí, o encontro do direito com a tecnoeconomia, se entendida como adequação de meios a fins. Nesse sentido, a força normativa, que surge da vontade tecnoeconômica que se impõe às demais, que estabelece e funda o próprio valor, se coloca ao serviço racional e objetivo. A técnica do direito encontra-se justamente nessa medida de adequação, isto é, do pretender a vontade dos outros na proporção do sacrifício necessário à realização do fim.

> La globalizzazione há minato alla base il diritto Internazionale, scoraggiando qualsiasi tentaivo di far prevalere, entro certi limit, la sovranità di uma giurisdizione sulle altre. E l'impossibilità da parte di singoli Stati di sercitare i propri poteri al di fuori dei confini mette in discussione ache diritti che si credevano acquisiti uma volta per tutte, come la liberta di espressione e la privacy. Il diritto in quato tale sembra aver cedutol la sua funzione essenziale, cioè l'attività di normazione, alla techne, la quale non solo rende possibile la globalizzazione, ma ne decide la disciplina. (ROSSI, 2006, p. 61-62)

Tecnodireito, então, não indica apenas a técnica do direito, ou seja, o racional emprego de meios em vista de um fim, mas, principalmente, a situação do direito contemporâneo, designando a relação da força jurídica com outras forças: vontade-de-poder; vontade de dominar homens.

> uma mesma quantidade fluir por unidade de tempo. No caso do dinheiro, isto significaria que a quantidade requerida para uma dada transação seria proporcional à velocidade de sua circulação. Mas é completamente sem sentido dizer que um pagamento de $100 poderia igualmente ser feito com $50 ou $10. O dinheiro não se relaciona ao tempo (ou, mais precisamente, ao tempo-espaço) como um fluxo, mas exatamente como um meio de vincular tempo-espaço associando instantaneidade e adiamento, presença e ausência. Nas palavras de R. S. Sayer, 'Nenhum componente do ativo está em ação como um meio de troca exceto no exato momento de ser transferido de uma propriedade para outra, em pagamento de alguma transação'" (GIDDENS, 1991, p. 33).

O direito, pois, ao contrário de outras técnicas, não se exercita ou se desenvolve sobre coisas, mas sobre a vontade mesma do homem. É, pois, vontade dominadora de outra vontade, a qual impõe um conteúdo específico: constitui técnica que se instala entre as vontades humanas. Nesse sentido, o direito trata a vontade alheia da mesma forma que a técnica trata a natureza, ou seja, calculando e manipulando sua ação como parte do mundo externo.

Essa vontade é a própria essência da técnica, no sentido de dominar o mundo a partir do cálculo, do governo, da catalogação, da manipulação, criando o mundo em relação à realidade objetal dada. Nesse sentido, o mundo da técnica é artificial, porquanto feito com *arte*, com *saber* oferecido pela ciência e com o auxílio de instrumentos mecânicos.

Artificialidade ou ficção que vem a ser, também, uma característica comum ao direito, que por meio de seus prescritores normativos acaba por criar seu próprio mundo: mundo constituído por vontade, por condutas, por julgamentos (*licito; ilícito*), por determinação de diretrizes aos outros.

Daí o problema que se coloca é em razão de a técnica apresentar-se em múltiplas faces, que se encontram ou desencontram, se harmonizam ou se conflitam, em que se reconhecem apenas como vontade de domínio, cuja sobreposição de uma sobre as outras é imprevisível, sendo impossível dizer que vontade irá prevalecer. Nesse sentido, o direito, que expressa a vontade política daqueles que assumem o governo da coisa pública, vem designado como "*força político-jurídica*". Desse modo, dizer que o direito é técnica é dizer que o direito é política na medida em que expressa relação entre governantes e governados.

Encontra-se, pois, diante de um jogo de forças em que economia, política e técnica lutam para decidir os destinos do mundo, em um jogo de forças em que nenhuma delas consiga ditar regras às outras, em que estão na alternância entre vencer e sucumbir. Isso porque a essência da técnica, como vontade de dominar o mundo, e da economia, como vontade de ampliação e reprodução ilimitada do lucro, rejeitam terminantemente o fechamento dos limites e a determinação dos lugares: são *a-tópicas*. Por tais razões, pretendem e podem se difundir e instalar em qualquer lugar, porquanto as transações econômicas ignoram limites. "[...] La globalización y las interconexiones internacionales producen la desterritorialización de las actividades económicas. Los Estados, que operan sobre territorios delimitados, terminan por ser desplazados" (CASSESE, 2003, p. 59).

Assim, temos o *qualquer lugar* da economia, em que a vontade insaciável do lucro e de manipulação do mundo faz com que os homens percam sua identidade e os vínculos de pertencimento a determinadas localidades. Passam a se distinguir apenas pelo vetor da diversidade de funções relacionadas aos mecanismos técnicos ou atividades de mercado.

E o faz, isto é, torna essa vontade planetária homogênea por meio da artificialidade jurídica, que permite ao direito libertar-se dos vínculos terrestres e tradições históricas, instituindo, por assim dizer, uma espacialidade própria do direito, a espacialidade jurídica: tratados entre Estados, organizações multilaterais e supranacionais voltadas a esses objetivos.

Deixa-se, assim, o antigo *nómos*, que vinculava o direito aos lugares, a uma histórica e específica determinação de uma comunidade, para ir-se em direção ao novo *nómos*, que, estendendo-se às dimensões planetárias da tecnoeconomia, desliga-se dos vínculos tradicionais e assume plenamente o caráter da artificialidade.

Em sua essência, modelos jurídicos sempre foram reproduzíveis, uma vez que o modelo adotado em uma determinada localidade sempre foi possível de adaptação e consequente adoção em outra nação. Tal adaptação importa ao capital na medida em que permite ampliar para todo o globo as condições ideais para sua reprodução e consequente garantia de apropriação dos fluxos financeiros. Contudo, a reprodução jurídica que hoje ocorre representa um processo novo, que vem crescendo com grande intensidade. De modo que, agora, o processo jurídico vê-se liberado, de certa forma, do consenso ou vontade popular, sendo fruto de necessidades impostas pela tecnoeconomia.

Consequentemente, mesmo que a reprodução jurídica seja perfeita, falta-lhe um elemento: sua existência única no lugar em que ela se encontrava, uma vez que é justamente essa existência única, e justamente ela, que permitia desdobrar a sua história e sua construção, a qual compreendia as transformações que ela sofreu com o passar do tempo, mas, também, sua estrutura e relações de lutas das quais proveio.

Nesse sentido, o *aqui* e o *agora* do direito constituem o conteúdo de sua *autenticidade*, na qual se encontra enraizada uma tradição que o identifica como sendo um direito singular, refletindo peculiar forma de organização social, sendo esse direito sempre igual e idêntico a si mesmo. A esfera da autenticidade, como um todo, escapa à reprodutibilidade técnica, e naturalmente à reprodução imposta pela tecnoeconomia.[93]

---

[93] "Aqui, o etos, ao nível do autêntico, abrange a justiça (o ser jurídico autêntico), enquanto o ético, ao nível do inautêntico, se situa junto ao direito tecno-positivo" (MAMAN, 2003, p. 56), referendada em Heidegger.

Portanto, mesmo que essas novas circunstâncias deixem intacto o conteúdo do direito, elas desvalorizam, de qualquer modo, o seu *aqui* e *agora*, atingindo, pois, sua autenticidade, que vem a ser quintessência de tudo o que foi transmitido pela tradição (BENJAMIN, 1994). E, como essa tradição depende do agir de um povo no decorrer da história, ela se esquiva desse mesmo povo por meio da reprodução, perdendo seu testemunho e seu cúmplice: desaparecendo com ele, a própria autoridade do direito, seu peso tradicional.[94] O conceito de aura permite entender melhor esse processo: o que se atrofia na era da reprodutibilidade técnica do direito é sua aura, no sentido de destacar do domínio da tradição o objeto reproduzido, porquanto no seu processo multiplicador substitui a existência única do direito por uma existência serial.

Assim, na medida em que essa reprodução técnica do direito permite que esse venha ao encontro das mais diversas condutas a serem reguladas, nas mais distintas situações, ela, reprodutibilidade técnica, atualiza constantemente o objeto reproduzido, o direito. Tal reprodutibilidade, em um contexto que Estados permanecem ávidos por atração por investimentos, permite à tecnoeconomia poder escolher seu próprio direito, na medida em que aqueles procuram adequar seus respectivos direitos internos aos padrões das leis emanadas das fontes "naturais" da tecnoeconomia.

> De hecho, del lado de la "demanda del derecho", el operador puede realizar una elección, expresando así un juicio sobre la "oferta del derecho" y "adquiriendo" el más conveniente.
>
> En "oferta" puede existir un derecho distinto o, más simplemente, una distinta administración del derecho.
>
> La elección es admitida para la búsqueda de la mejor tutela o del derecho menos severo o de aquel más conveniente.
>
> Los derechos o las administraciones objeto de elección son, entonces, puestos en competencia.
>
> La réplica del mercado que así se produce no es completa. Los derechos o las administraciones derrotadas, en realidad, no fallan. Sin embargo, aquellos vencedores amplían su esfera de dominio, yendo más allá de los confines nacionales, en un proceso acumulativo típico de la empresa que adquiere una posición dominante. (CASSESE, 2003, p. 152)

---

[94] "[...] a abertura da potência constitutiva não resulta da força da multidão, da dimensão da natureza do seu projeto, mas dos obstáculos que opõem à potência. Da impossibilidade de a multidão fazer-se sujeito aqui e agora" (NEGRI, 2002, p. 136).

As empresas, diante do mercado dos ordenamentos jurídicos, optam pelo mais vantajoso e conveniente. Os *lugares jurídicos*, portanto, das atividades econômicas passam a ser determinados pelos agentes econômicos por meio da escolha racional e do cálculo, podendo ser determinados por empresas que podem multiplicá-los ou ajustá-los de acordo com as necessidades específicas de sua estrutura organizacional. O *qualquer lugar* do mercado global permite, pois, às empresas escolherem uma pluralidade de sedes jurídicas.

> Desde hace tiempo el arbitraje internacional presenta una tendencia que se resume en La feliz metáfora del "shopping" del derecho. Las partes adoptan, con La cláusula compromisoria, el derecho de un tercer Estado, que no tiene ningún punto de contacto con La nacionalidad de las partes. Es la elección de la así llamada "ley neutra". Los contratantes, a veces, efectúan el llamado *repêchage*, o sea hacen elecciones múltiples. Así, por ejemplo, la ley sustancial de un Estado y la ley procesal de otro Estado. (GALGANO, 2005, p. 96)

Contudo, é preciso observar que esse mercado jurídico não surge espontaneamente, uma vez que é fruto da decisão política que favorece a vontade de lucro, ou seja, é por ela determinada, permitindo às empresas a escolha da jurisdição: decisão abdicativa que implica a renúncia, pela classe política, do governo da economia e que por ela se deixa governar. O tecnodireito, como forma de poder político-jurídico, é uma entre as vontades de poder que almejam dominar o mundo, por meio de determinar a vontade alheia, buscando ordenar o viver comunitário. O soberano, cuja exceção revela o sentido da autoridade estatal, entendido não como quem tem o monopólio da força, mas como tem o monopólio da decisão, cria a situação que permite a reprodutibilidade do tecnodireito requerido pela tecnoeconomia:

> A norma necessita de um meio homogêneo. Essa normalidade fática não é somente um "mero pressuposto" que o jurista pode ignorar. Ao contrário, pertence à sua validade imanente. Não existe norma que seja aplicável ao caos. A ordem deve ser estabelecida para que a ordem jurídica tenha um sentido. Deve ser criada uma situação normal, e soberano é aquele que decide, definitivamente, sobre se tal situação normal é realmente dominante. Todo Direito é 'direito situacional'. O soberano cria e garante a situação como um todo na sua completude. Ele tem o monopólio da última decisão. (SCHMITT, 2006, p. 13-14)

A triste constatação: a consubstancialização do direito em tecnodireito faz com que o direito, como responsabilidade da política, perca, paulatinamente, espaço para as forças conjuntas da economia e da técnica. O tecnodireito, hoje, constitui expressão do niilismo jurídico.

Será que o espaço do político será reconquistado a fim de que o homem retome a condução de seu próprio destino? Não se sabe a resposta. Talvez, agora, a função do jurista seja justamente elaborar as perguntas que toda a sociedade deveria estar fomentando. Por isso, são importantes os acordos interestatais que permitam o restabelecimento da governança, em que uma pluralidade de Estados — exercendo seus poderes soberanos — busque capturar e limitar a tecnoeconomia e conectar suas atividades a singulares e específicos lugares.

Há, aqui, nesse contexto, algo diferente do mercado dos ordenamentos jurídicos, porquanto o direito determina a sede jurídica dos negócios: existe, portanto, uma ordem jurídica do mercado. É o tecnodireito sobre a tecnoeconomia perfazendo, por meio da politização do tecnodireito, uma pluralidade de territórios com homogeneidade jurídica: os territórios restam múltiplos, enquanto os direitos procuram uniformizar-se, assumindo o mesmo conteúdo e os mesmos valores fundantes. Uma homogeneidade baseada no mesmo conceito de justiça? Não, o homem, ou melhor, os homens agindo sobre o mundo para imporem sua vontade de poder, negando-se ao determinismo tecnoeconômico.

Tal solução exige alto grau de ficção para o direito com o intuito de perseguir e capturar os negócios da tecnoeconomia, que não têm pátria ou limites. Faz com que aquele passe por um processo de desenraizamento, assumindo conscientemente a artificialidade como essência constitutiva do direito.

Como a artificialidade é o caráter fundamental da tecnoeconomia, o direito, ao desconectar-se do vínculo terrestre, reduzindo-se, inteiramente, à vontade dos homens, coloca-se em condições de confrontar a tecnoeconomia. Mas, desta feita, o confronto não se dá em planos diversos — local e global —, mas sobre o mesmo campo, o campo da vontade, do desenraizamento e ausência de limites.

O *espaço jurídico*, nesse sentido, adquire outra concepção, mesmo que parta e retorne a um determinado e específico local (de um dos Estados que participam do acordo de homogeneização jurídica). Sua dimensão espacial encontra-se dele distanciada, posto que ocupa espaço *i-limitado*.

É bem verdade que essa homogeneização tem como contrapartida o sacrifício da identidade histórica do direito, porquanto o espaço deixa de ser o lugar constitutivo para se tornar simples espaço de vigência normativo, âmbito arbitrário e artificialmente estabelecido pela vontade humana.

Esse alto grau de artificialidade e não autenticidade do direito, ao se compará-lo à essência tecnoeconômica, restaura, por assim dizer, a coextensão entre política, direito e economia. Esse processo de artificialidade e não autenticidade precisa, contudo, ser política e conscientemente dominado pela vontade política, com o intuito de estabelecer o espaço aplicativo do direito. Por isso, somente a artificialidade do direito, como fruto do querer humano, arbitrário e incondicionado, consegue acabar com a relação entre norma e localidade, na medida em que tem condições de determinar, mesmo que de forma gradual, a dimensão espacial do direito.

Logo, apenas por meio do desenraizamento, a vontade normativa tem condições de alcançar o grau de artificialidade que lhe permite, ao colocá-la no plano da tecnoeconomia, embuti-la de força suficiente para dominá-la ou orientá-la. Por isso, quanto mais o direito se afasta dos lugares originários, desconectando-se, pois, do *nómos* histórico, assumindo os caracteres da artificialidade, mais adentra no campo da tecnoeconomia e adquire o poder necessário à sua orientação e governo.

O desenraizamento ocorre em conjunto com as transformações supra-apresentadas — a necessidade de suplantar os limites apresentados pelo padrão fordista de sistema social de produção, a incapacidade das políticas públicas keynesianas, na nova arquitetura do Estado em torno do modelo Schumpeteriano, as novas e diversas formas de coordenação entre os Estados nacionais, as ambivalências institucionais provocadas pelo poder em rede, os modos de desterritorialização do capital, as velocidades das inovações tecnológicas, as formas de governar, as "inovações" financeiras, enfim, as próprias transformações estruturais do capital, as quais se refletem no direito e provocam tanto a angústia de lidar com categorias que já não se aplicam quanto o desafio de criar novas categorias aptas a captar o direito que hoje se faz.

4.4 Dicotômica polaridade entre ética e economia

O pensamento liberal fomentou, de forma singular e sistemática, autêntico processo de neutralização de todas as formas de representação política. Contudo, vigorou uma espécie de paroxismo no seio dessas neutralizações e despolitizações — da cultura, da economia e até mesmo da própria política —, na medida em que suas implementações acabaram sendo revestidas de forte conteúdo político.

É interessante notar que, em tais processos de neutralização da política levado a cabo pelo liberalismo, a negação do político realizada pelo individualismo conduz à práxis política da desconfiança em relação a todos os poderes políticos e formas de Estado existentes e imagináveis. Tal práxis, consequentemente, conduz à teoria neutra do Estado e da política, ou seja, à ausência de tal teoria, uma vez que a teoria sistemática do liberalismo restringe-se à luta política interna com o intuito de obstaculizar e controlar o poder estatal face às liberdades individuais e à propriedade privada. Visa, portanto, a transformar o Estado em um grande "compromisso", isto é, em algo submetido ao pacto da vontade das partes que o forjam.

Nesse intuito, o pensamento liberal ignora o Estado e a política, fixando-se em torno de dois polos heterogêneos:

1. o primeiro, composto por ética, espírito e cultura;
2. o segundo, composto por economia, negócio e propriedade.

O que resta de atitude crítica em relação ao Estado e à política é explicado a partir dos princípios que norteiam um sistema que coloca o indivíduo como *terminus a quo* e *terminus ad quem* de todo o processo, tornando-se, nesses termos, contrassensual toda e qualquer ação que promova a unidade política; porquanto, essa, em determinados casos, exige do indivíduo o sacrifício da própria vida, indo esse potencial sacrifício de encontro a toda a lógica liberal.

Por isso, o *pathos* liberal volta-se contra a violência, à falta de liberdade e à liberdade de concorrência, na medida em que toda e qualquer ameaça a esses valores é compreendida, *eo ipso*, como ruim: essa concepção deixa apenas permanecer como espaço do Estado e da política o campo em que estes podem agir para assegurar as condições para a liberdade e/ou para eliminar as perturbações a essa mesma liberdade.

Com isso, ou seja, o *pathos* liberal, chega-se a um sistema de conceitos desmilitarizados e despolitizados, que se movem entre os polos da ética ("espiritualidade") e da economia (negócio), a partir dos quais a concepção liberal pretende aniquilar a política como esfera de "poder conquistador". Nesse objetivo, o conceito de Estado de "direito", ou seja, de "direito privado", serve de instrumento, e o conceito de propriedade privada é fundamental. Destes conceitos, Estado de "direito" e propriedade privada, emanam os elementos que constituem os polos opostos da ética e da economia.

Assim, de toda manifestação tipicamente liberal decorre o *pathos* ético e a objetividade econômico-materialista que alteram as manifestações do político: transformando o conceito político de luta, no pensamento liberal, a partir da objetividade econômico-materialista, em *concorrência*, e o *pathos* ético, em *discussão*, os quais abandonam a clara e precisa dicotomia guerra/paz para se apegarem às dinâmicas específicas da eterna concorrência e da eterna discussão (ausência de decisão).

O liberalismo, dessa forma, apesar de reconhecer a autonomia das diferentes regiões ônticas do agir humano, ou seja, a vida, acaba por castrar a autonomia do político, que se vê despojado de toda validade e encontra-se subordinado às normatividades e ordenações de moral, de direito e de economia.

> A autonomia das normas e das leis do econômico impôs-se com autoridade incontestável como o caso de longe mais importante de uma esfera humana autônoma. Que produção e consumo, formação de preços e mercado têm a sua esfera própria e não podem ser dirigidos nem pela ética nem pela estética, nem pela religião e muito menos pela política, isto valeu como um dos poucos dogmas realmente indiscutíveis, indubitáveis desta época liberal. (SCHMITT, 1992, p. 99)

O Estado, então, torna-se i) regido, de um lado, pelo polo espiritual-ético em sua representação ideológico-humanitária da *"humanidade"*, e, por outro lado, ii) pelo polo tecnoeconômico integrante de um sistema unitário de *produção* e *comércio global*. Com essas reduções, o pensamento liberal objetiva submeter o Estado e a política tanto a uma moral individualista, ou seja, de direito privado, quanto a categorias econômicas, que, conjuntamente, os privam de seus sentidos específicos.[95]

Contudo, ao se reconhecer pluralismo da vida espiritual e ao se tomar consciência de que a área central da vida cultural não pode ser neutra e, por consequência, admitir ser falso pretender resolver problemas políticos a partir de antíteses de mecânico e orgânico, morte e vida, pode-se afirmar que a vida que não tem diante de si nada além do que a morte deixa de ser vida para se tornar impotência e desamparo. "Quem não conhece um outro inimigo senão a morte e em seu inimigo nada vislumbra senão mecânica vazia, está mais próximo da morte do que da vida, e a cômoda antítese do orgânico e do mecânico é em si mesma algo de mecânico-bruto" (SCHMITT, 1992, p. 120).

---

[95] "Da *vontade*, dada na situação de luta e completamente óbvia, de repelir o inimigo, surge um *ideal* ou *programa* social, construído racionalmente, uma *tendência* ou um *cálculo* econômico. De um povo unido politicamente surge, de um lado, um *público* culturalmente interessado, e do outro lado em parte *um pessoal da fábrica* e do *trabalho*, em parte uma *massa de consumidores*. Da *dominação* e do *poder* surgem, no pólo espiritual, *propaganda* e *sugestão* de *massas*, e no pólo econômico *controle*" (SCHMITT, 1992, p. 99).

A realidade mostra como o ser político não é regido por ordenações abstratas e/ou séries de normas, mas, pelo contrário, apenas por homens concretos ou associações de homens concretos que dominam, ao seu turno, outros homens e associações igualmente concretos.

Por isso, ao se tomar o objeto analisado pela perspectiva liberal por meio de outra clivagem, é possível vislumbrar, agregando-se o elemento político, que o "império" da moral, do direito, da economia e da "norma" nunca tenha deixado de possuir, concomitantemente, um sentido político concreto.

> Entrementes a coalizão extraordinariamente complexa de economia, liberdade, técnica e parlamentarismo já liquidou há muito tempo seus inimigos, os resíduos do Estado absolutista e de uma aristocracia feudal, e com isso perdeu todo sentido atual. Agora entram em seu lugar novos agrupamentos e constelações. Economia não é mais *eo ipso* liberdade; a técnica serve não somente ao conforto, mas também à produção de armas e instrumentos perigosos; seu progresso não provoca *eo ipso* o aperfeiçoamento humanitário-moral que no século XVIII se imaginava como progresso, e uma racionalização técnica pode ser o contrário de uma racionalização econômica. (SCHMITT, 1992, p. 102)

É preciso, portanto, ter cuidado para que, apoiada sobre uma base econômica e técnica, não se deixe fluir uma dominação dos homens sobre homens com forte na economia e na técnica, principalmente quando elas venham travestidas como apolíticas e técnicas, porquanto podem valer-se destes artifícios para se esquivarem de toda responsabilidade e visibilidade política.

Isso porque o conceito de troca, quando não exige que esta se dê no campo da reciprocidade, em termos que seus participantes apresentem-se de forma livre e com igualdade de condições, não exclui a possibilidade que um dos contraentes sofra prejuízo ou mesmo que um sistema de acordos mútuos se resvale em um sistema de exploração e opressão.

Aliás, é justamente nestes momentos, ou seja, de presença de conflito, que tanto os exploradores, quanto os oprimidos, em tal sistema, ao se verem obrigados a procurar meios para defenderem suas posições, terão evidenciado que suas pretensões não serão satisfeitas por meios econômicos.

Nesses casos extremos, os detentores de *poder econômico* procurarão impedir qualquer tentativa de modificação de suas posições, lançando mão dos discursos que veem tais intervenções como intervenções *extraeconômicas*, as quais devem ser rechaçadas, com recurso ao discurso jurídico, especificamente, como violência e condutas criminosas.

Com isso, desfaz-se a quimera de uma sociedade ideal baseada na troca e acordos recíprocos *eo ipso* pacíficos e justos, seja porque a esfera da troca tem limites específicos, seja porque não há razão suficiente para se atribuir a áurea sacra aos acordos e ao *pacta sunt servanda*. Assim, não há razão em querer despolitizar-se o mundo e, consequentemente, exterminar o Estado e a política.

> O fato de que as oposições econômicas se tornaram políticas e que pode surgir o conceito de "posição de poder econômica" apenas mostra que o ponto (der Punkt) do político pode ser atingido a partir da economia como a partir de qualquer domínio objetivo. (SCHMITT, 1992, p. 104)

Portanto, a polaridade entre ética e economia, que, em um primeiro momento, se mostra e se pretende apolítica e até mesmo antipolítica, serve, de fundo e de fato, aos agrupamentos de amigo e inimigo já estabelecidos ou, no mínimo, conduz a novos agrupamentos destes, não conseguindo, portanto, escapar à consequência do político.

De conseguinte, em tempos tecnoeconômicos, em que economia e técnica têm pretensões normativas e forjam o direito, o direito tecnoeconômico, desenraizado de seu lugar, que adquire, portanto, *nómos* planetário, perde seu papel de instrumento político para servir como mero elemento instrumental de reprodutibilidade econômica, sacrificando sua identidade histórica; porquanto, seu espaço deixa de ser o lugar constitutivo para se tornar simples espaço de vigência normativa.

Nesse sentido, Salgado (2007) afirma:

> Vê-se, portanto, que não é o Estado mínimo que põe em risco a subversão do político pelo econômico, pois que pode preservar a sua soberania. O risco do Estado é a perda de sua substância ética, a soberania, em razão da qual um povo é livre, interna e externamente, e sem a qual o Estado se transforma num gerente de operações econômicas, em vez de uma autoridade de decisão política, com força moral e força aparelhada a realizar sua finalidade ética: o bem comum, conceito que a tradição da cultura ocidental tornou bem compreendida.

Assim, é preciso que a *intelligentsia* jurídica esforce-se para resgatar o espaço político necessário ao fomento de um direito apto e forte o suficiente para prevalecer sobre a tecnoeconomia, politizando, pois, o tecnodireito, para que o direito recupere sua autoridade coordenadora e possa, assim, transmitir sua dimensão ética à conduta econômica.

Capítulo 5

Soberania sem Aura

Sumário: **5.1** Do reverenciamento ao questionamento – **5.2** Ainda há espaço para o político? – **5.3** Soberania e direito homogêneo

> *Perante os deuses, só consegue se afirmar quem se submete sem restrições. O despertar do sujeito tem por preço o reconhecimento do poder como princípio de todas as relações. Em face da unidade de tal razão, a separação de Deus e do homem reduz-se àquela irrelevância que, inabalável, a razão assinalava desde a mais antiga crítica de Homero. Enquanto soberanos da natureza, o deus criador e o espírito ordenador se igualam. A imagem e semelhança divinas do homem consistem na soberania sobre a existência, no olhar do senhor, no comando.*
>
> (ADORNO; HORKHEIMER, 1985, p. 24)

5.1 Do reverenciamento ao questionamento

Se "soberano é quem decide sobre o estado de exceção" (SCHMITT, 2006, p. 7), na contemporaneidade, cujo eixo é regido pelo princípio *cujus regio ejus oeconomia*, verifica-se que — com a ampliação do campo de atuação econômica, em função da integração internacional dos mercados e o avanço veloz da técnica, que em sinergia formam a tecnoeconomia, a qual, por sua vez, forja o tecnodireito — o Estado já não goza de plenitude de decisão no campo econômico e técnico.[96]

Evidencia-se, por assim dizer, o abandono da percepção do direito do soberano como portador de aura[97] que lhe garante autoridade e legitimidade e, simultaneamente, vê-se a conformação de um Império sem centro, em que o Rei,[98] entendido como o responsável pelas decisões de poder, não pode mais ser situado em um único lugar.

Cassese (2003), nesse sentido, afirma que, se antes o Estado era soberano em matéria econômica, agora perde sua soberania justamente em favor da economia e, além disso, que o governo da economia que, também, antes se mostrava unitário, agora se apresenta fragmentado.

---

[96] "La questione della crimilità economica, il cui crescente rilievo società moderna era stato già evidenziato parecchi decenni fa, ha finito per assumere un carattere di centralità, in un mondo neoliberista in cui le leggi del mercato sembrano essere divenute l'unica Grundnorm, o norma primaria universale" (MARTUCCI, 2006, p. 140-141).

[97] A "aura", como iluminação que emana, visa a caracterizar a unicidade do objeto que se encontra aureolado pelo encantamento mágico, conferindo-lhe uma aparição única, de uma coisa distante, por mais perto que ela esteja. Nesse sentido, a aura não está no objeto, mas no sujeito que a percebe. Constitui o choque capaz de tornar uma vivência em experiência, uma tragédia em narrativa, o efêmero em único. Assim, a expressão "perda da aura da soberania" procura designar a perda do poder mítico da soberania, a soberania destituída, de certa forma, do próprio poder soberano.

[98] Para Foucault (1979), nas sociedades ocidentais, pelo menos desde a idade média, a elaboração do direito se fez essencialmente em torno do poder real. Isso pode ser dito no sentido de que o arcabouço jurídico de nossas sociedades foi elaborado a pedido do poder real, porquanto deveria servir-lhe em seu proveito e como instrumento de justificação. Logo, no ocidente, o direito é encomendado pelo rei.

Ocorre que, nos séculos seguintes, quando este arcabouço jurídico escapa ao controle real e volta-se contra ele, o que, especificamente, começa-se a questionar são justamente os limites deste poder e os seus privilégios. Assim, seguramente pode-se dizer que o principal ator do edifício jurídico ocidental é o rei, porquanto em torno dele é constituído todo o direito.

E, nesse direito construído em torno do poder real, o discurso do jurista se articulava, basicamente, de duas formas: descrevendo sob que estrutura jurídica se exercia o poder real, uma vez que o monarca encarnava o corpo vivo da soberania e, em função disso, poderia exercê-lo como algo que lhe era próprio, isto é, poderia ser exercido, mesmo que de forma absoluta, por se adequar ao seu direito fundamental; e/ou, de forma contrária, mostrando a necessidade de se limitar o poder do soberano, apontando as regras de direito a que este deveria se submeter e os limites dentro dos quais este poder deveria ser exercido para conservar sua legitimidade.

Nesse sentido, é possível dizer que a teoria do direito, desde a Idade Média, tem o papel de fixar a legitimidade do poder; em função disso, a soberania é o maior problema em torno do qual se organiza toda a teoria do direito.

Essa afirmação procura, precisamente, caracterizar a circunstância de que o discurso e a técnica do direito tiveram a função de dissolver o fato da dominação dentro do poder. Fazer transparecer, no lugar da dominação, duas outras coisas: i) os direitos legítimos da soberania; ii) a obrigação legal de obediência. Assim, pode-se dizer que o sistema jurídico encontra-se inteiramente centrado no rei.

Faz-se, mesmo que breve, uma análise da relação entre Estado e economia no tempo para compreender essa afirmação:

A moral teológica medieval constituía obstáculo ao pleno desenvolvimento das atividades econômicas. Seu contrário, vale dizer, a amoralidade da atividade econômica, ocorre por ocasião de absorção dessa atividade econômica pela política, em função da Razão de Estado. O poder político reinava absoluto sobre a economia.

O fenômeno de absorção da atividade econômica pela política se afirma com o mercantilismo e se funda sobre o dogma de que o acúmulo de metais preciosos é a forma mais importante de fomentar a prosperidade e a riqueza, tanto para os homens quanto para o Estado. Não é de se estranhar, portanto, que esse afã em torno da necessidade de acúmulo de metais preciosos coincidisse com o processo de formação do Estado absoluto. É o início de um período marcado por forte intervenção dos poderes públicos na economia, em que esses poderes tomavam para si a responsabilidade pela prosperidade da nação. Nesse sentido, o mercantilismo constitui o primeiro exemplo de sistematização de uma política econômica voltada aos objetivos do poder, pois Colbert, um dos pais do mercantilismo, propugnava o estabelecimento de um sistema econômico forte e suficientemente capaz de possibilitar os fluxos financeiros de que o Estado requeria para atingir seus fins.

É preciso observar, ainda, que essas concepções econômicas e financeiras amadureceram sob o influxo da teoria do jusnaturalismo laico, que afirmava ser o direito fruto da razão humana ou de um protótipo ideal, de modo que a justificação filosófica do poder soberano absoluto, fornecendo um modelo racional de elaboração da lei, em que o legislador humano coloca-se no lugar do legislador divino medieval, pressupõe a fé em uma razão formal, subjetiva e calculante. Assim, o espírito racional e calculista, introduzido pela doutrina do direito natural na arte de governar, é trespassado ao pensamento econômico, que recebe o influxo da doutrina jusnaturalista por meio dos teóricos do mercantilismo e do cameralismo.

Por isso, pode-se dizer que a doutrina mercantilista de intervenção estatal no mercado representa, no plano econômico, o modelo jusnaturalístico de legislação; vale dizer, a autonomia da ciência em relação à moral garantia tanto a objetividade e previsibilidade da lei moral quanto a racionalidade da proposta de intervenção estatal na economia.

Logo, mesmo diante do triunfo do individualismo econômico no século XVIII, que estabelece a atividade comercial como limite ao poder político, a separação entre ética e economia se perenizou, chegando ao seu ponto extremo com o darwinismo social, que interpreta os fundamentos da atividade econômica à luz do dogma da sobrevivência do mais forte

Por fim, pode-se ainda dizer que, ao fim da revolução burguesa do século XVIII, os Estados apresentavam-se como sujeitos que agem como operadores econômicos diretos (proprietários de fatores de produção ou empreendedores) ou como autoridades públicas reguladoras das atividades econômicas dos súditos, por meio de atos imperativos, promocionais, de ajuda e estímulo ou qualquer outra forma que se revista essa atuação.

Contudo, observando, no mesmo período, o campo privado da atividade econômica, verifica-se que não havia uma proteção e garantia específica da liberdade de iniciativa econômica pelo ordenamento jurídico estatal, posto que a propriedade privada, na forma como regulada no século XIX, vale dizer, como propriedade individual e potencialmente ilimitada, tinha pouca expressão. Além disso, não havia uma nítida distinção entre público e privado. Desse modo, aceitava-se, como princípio de Constituição material, que a intervenção pública no domínio econômico poderia ocorrer onde quer que o interesse público se revelasse, seja para discipliná-lo ou, mesmo, para assumi-lo diretamente. Compreendia-se, portanto, que na busca do bem-estar do cidadão, o poder público poderia e deveria intervir, pois não havia limites positivos ou negativos a essa intervenção.

O Estado Burguês de Direito compreende o tipo de Estado característico da Revolução Burguesa (Inglaterra, 1689, Estados Unidos, 1776, e França 1789) até os tempos atuais. Apesar da denominação aplicada a todo esse período, o Estado Burguês somente passa a ter efetividade na Europa com o advento da revolução liberal que pôs fim à restauração.

Pode-se dizer que o moderno constitucionalismo, derivado do ordenamento jurídico inglês e daqueles Estados diretamente por ele influenciados, é desenvolvido a partir das ideias da regulamentação de instituições e da formulação de princípios de Estados não absolutos. Nesse sentido, o modelo de sistema político desenvolvido na Inglaterra é a prova de que o constitucionalismo deve refletir o espírito, as peculiaridades e o modo de ser de um povo, não devendo dar guarita a estereótipos previamente concebidos sem quaisquer adaptações à realidade, pois a organização e distribuição do poder político na Inglaterra é consequência da evolução natural e gradual de suas instituições na história, gerando o que se designa por *Rule of Law*.[99]

---

[99] A propósito do caso inglês, Enterría e Fernández (1995, p. 29) afirmam que "La propia palabra Estado es extraña al Derecho inglés, mucho más el concepto. En vez de éste,

Surgia, assim, o Estado Burguês de Direito, que, segundo pretendiam seus teóricos, deveria adotar uma mudança radical na precedente constituição material da disciplina econômica. Entretanto, tal escopo não foi implementado de forma efetiva.

A classe burguesa que emergia, alçada à condição de detentora do poder, propunha, efetivamente, a repulsa a toda e qualquer autoridade dos poderes públicos para disciplinar a atividade econômica. Nesse sentido tem-se, nesse período, a afirmação peremptória da plena liberdade de iniciativa econômica, da garantia da liberdade de empresa e do reconhecimento da propriedade privada como um direito individual que não conhecia nenhum limite.

Com relação à função a ser desempenhada pelos poderes públicos, a formulação burguesa baseava-se no princípio de que estes deveriam abster-se de intervir em campos que se relacionassem com a liberdade empresarial e o direito de propriedade. Adota-se, pois, como regra que o poder público somente poderia agir quando uma regra de direito o autorizasse. Limitava-se, assim, a liberdade de iniciativa pública, ao menos de forma autoritária, pois se entendia que a atividade

---

encontramos el de Corona, al que se refiere toda la organización administrativa (the state is nota n entity recognised by our law. The State is the crown: Allen). Pero junto a la Corona está el Parlamento, como órgano del pueblo. Corona y Parlamento (o pueblo), King and Paliament no son elementos parciales de una realidad superior, el Estado, según las ideas más o menos místicas del monarquismo continental, sino que tienen sustantividad Independiente, no interiorizados en ninguna pretendida unidad superior. Ambos sujetos están simplemente en relación, como lo están las partes de un contrato, nexo en el cual cada una mantiene íntegra su individualidad; concretamente, Rey y pueblo son reciprocally trustees for each other (Maitland, sobre conceptos de Locke). [...]; baste notar que esa relación que afecta a ambos sujetos afirma y no disuelve su respectiva individualidad, su principio propio e incomunicable, su diversidad, en fin.
Por su parte, los Tribunales tampoco son órgano de La Corona, sino órganos o expresiones del 'derecho de la tierra', the law of the land, derecho que, por su parte — y ésta ES la idea esencial del common law — no está estatalizado, no ES un producto de la voluntad del Príncipe, sino obra de las costumbres aplicativas y de las decisiones judiciales (las Leyes no forman parte, como es sabido, del common law), sino de un statue law carente de principios generales, y, por ello, interpretado normalmente con un criterio restrictivo — principio del controlo f the common law over statute —; las Leyes no integran por eso un verdadero ius orgánico y general, sino que se limitan a resolver local conditions and situations: Pound). La idea esencial de la independencia de la Magistratura — y así se ve en la famosa polémica de Coke — no es más que una implicación natural de la independencia del Derecho respecto del Príncipe, pero expresa certeramente que el Juez es visto como un órgano propio, no del Estado ni de la Corona (aunque siga actuando nominalmente en nombre de ésta), sino de la lex terrae, como viva vox legis, o lex loquens, teniendo en cuenta que aquí lex no expresa la voluntad de un imperante, sino el derecho establecido en la comunidad y por Ella misma aceptado y vivido. Si el Juez no puede recibir ordenes del Rey es porque el Rey no tiene la disponibilidad sobre el derecho, porque el Juez no actúa según la voluntad del Rey, sino is sworn to execute justic according to law and the customs of England (Case of the Prohibitions del Rey, 1612, redactado por el gran Coke)".

econômica dizia respeito aos particulares, aos quais caberia o dever de prover a infraestrutura que não serve à coletividade.

Afirmava-se, pois, veementemente, e de modo diametralmente contrário aos limites colocados à iniciativa pública, no campo econômico, que os limites à liberdade de empresa e à propriedade privada deveriam vir precisados previamente por uma regra jurídica que os fundamentassem. Isso, de certa forma, reflete-se no direito positivo, particularmente no princípio da legalidade da ação administrativa, pois este exigia lei autorizando toda e qualquer ação interventiva dos poderes públicos que visasse restringir, limitar ou extinguir direitos decorrentes da liberdade de empresa ou de propriedade.

Contudo, não se negava, de maneira radical, que a disciplina da economia era atividade inerente ao Estado. Isso porque, em alguns setores (geralmente os ligados às garantias exigidas para o exercício da atividade comercial, as grandes obras de infraestrutura necessárias ao acúmulo de capital, a polícia dos mercados e as políticas sociais que visam ao combate das mazelas sociais), a participação do aparato estatal continuava a ser exigida e até mesmo incrementada.

Giannini (1977) afirma que, nesse tipo de organização dos poderes públicos, os limites à sua atuação na esfera econômica dos particulares firmaram-se em duas linhas principais: 1. o Estado não deveria ser empreendedor, nem empresário; 2. o Estado não deveria fomentar, nem impedir as atividades empreendedoras dos agentes privados ou dos direitos decorrentes da propriedade.

As composições dessas duas regras, seguidas por sua implementação, consubstanciam aquilo que se denomina por princípio da não intervenção pública no domínio econômico (abstencionismo público, neutralidade ou liberalismo na regulação da economia). Assim, com fundamento nessa orientação principiológica, o patrimônio imobiliário do Estado foi posto à venda, e a atividade empreendedora deste foi reduzida a sua esfera interna. Aliás, essa atitude abstencionista, suficientemente compreendida no campo das ciências econômica e política, pode ser sintetizada no seguinte aforismo do pensamento liberal: deixais fazer, deixais passar, o mercado anda por si só. Contudo, para o jurista, a assimilação dessa atitude abstencionista do Estado não foi de fácil compreensão, posto que ao princípio de não intervenção pública no domínio econômico é possível atribuir dois significados: quer indicar uma reserva legal da atividade econômica da produção de bens e serviços em favor dos sujeitos privados, com o consequente impedimento do Estado em desenvolver tais atividades; e tem sentido, puramente negativo, de que os poderes públicos deveriam, além de deixar de efetivar tais atividades, abster-se de prestarem atividades que resultassem em ajuda, mesmo que indireta, aos empreendedores e proprietários particulares.

Entretanto, se, por um lado, a Constituição material do Estado Burguês assenta-se na liberdade de empresa, na garantia do direito de propriedade e na livre iniciativa econômica, essa Constituição não desenvolve, por outro lado, ao menos com tanta convicção, exceção feita ao princípio da legalidade, de caráter formal e de garantia, o arcabouço necessário à realização da autoridade pública.

Logo, apesar de a abstenção do poder público ser afirmada, não chega a desenvolver-se de forma clara, uma vez que normas públicas de caráter imperativo continuavam a reger relações interprivadas. Observa-se, isso sim, que a disciplina jurídica da economia, no Estado Burguês, acaba por ser incrementada e aperfeiçoada em seus instrumentos técnicos e operativos, seja na atividade ordenadora, seja na atividade executora de infraestrutura.

Por isso, é preciso reconhecer o fato de que o Estado Burguês tem, também, como função, o legado recebido das formas de organização de poder que o antecederam: a função primordial que consiste na disciplina pública da economia. Inclusive, essa função pública de intervenção na economia assume, no século XIX, dimensão gigantesca, se comparada ao período imediatamente anterior. Aliás, é o próprio Estado Burguês que promove a primeira estatização da história: estatização dos serviços postais e telegráficos, estatização das ferrovias e canais viários e, em inúmeros países, a atividade de instrução e educação passam a ser atividades públicas, ainda que exercidas de forma não exclusiva. De forma que, ao fim do século, a legislação que recebe o nome de social passa a ter consistência e relevância nos países de maior desenvolvimento industrial.

Assim, se no período anterior à Primeira Guerra Mundial qualquer discussão acerca do tema intervenção do Estado na economia era fortemente marcada pela doutrina predominante à época, o liberalismo econômico, que, evidentemente, refletia uma postura não intervencionista. A regra geral do não intervencionismo conheceu algumas derrogações, que se davam por motivos diversos: ora o Estado intervinha com o propósito de exercer seu poder de polícia (verificação de pesos e medidas) ou de proteção econômica (direitos alfandegários) ou, ainda, regulamentando atividades ou profissões; ora assumia a gestão direta de certo número de empresas que tinham caráter industrial ou monopolístico ou, ainda, por razões específicas de Estado (imprensa nacional, produção de armas etc.). Há, também, determinadas áreas do agir econômico que, mesmo nos Estados em que a teoria liberal foi mais fortemente eficaz, foram retiradas dos particulares. Esse é o caso da reserva para emissão de moeda, e os entes políticos locais se incumbiam de prestar os serviços públicos de distribuição (água, eletricidade e gás), cujo número aumentava devido ao progresso técnico ou de transportes públicos.

Porém, essas intervenções assinaladas eram a exceção, pois a regra vigente era a de não intervenção, e os instrumentos jurídicos utilizados para efetivá-la eram poucos e de alcance limitado. Por isso, se compararmos o período que antecede a Primeira Grande Guerra, em que a ideologia do liberalismo econômico era forte e marcante, e o período que antecede a Segunda Grande Guerra, em que já se vislumbravam manifestações do que se denominou por economia dirigida, verificar-se-á que houve um grande desenvolvimento nas técnicas e modalidades interventivas do aparato estatal.

A causa dessa reviravolta pode, em parte, ser atribuída ao surgimento de novas ideias que, mesmo sem repudiar o pensamento liberal, macularam o absolutismo de suas concepções, e, de outra parte, as circunstâncias fáticas, guerras e acontecimentos políticos do período. O grande marco dessa reviravolta foi, sem dúvida alguma, a grande crise econômica que teve no ano de 1929 seu momento simbólico, dando azo circunstancial ao surgimento do intervencionismo e às várias modalidades interventivas, podendo, a partir de 1930, falar-se, assim, em economia dirigida.

Diante dessa realidade, ou seja, a constatação fática de que o Estado Burguês efetivamente intervém na atividade econômica, sob variados fundamentos e em busca de múltiplos objetivos, deve-se reconhecer que a mudança, relacionada com a atividade fundamental dos poderes públicos, se deu em nível de instrumentos e técnicas com que as ações interventivas na economia são operacionalizadas. Logo, os instrumentos de intervenção, que na origem do Estado Burguês eram episódicos e de durabilidade limitada, na medida em que eram utilizados com o objetivo de superar uma conjuntura desfavorável por que se passava, transformaram-se, tornando-se uma normalidade e uma exigência do próprio modo de produção capitalista.

Logo, esses instrumentos, juridicamente falando, possibilitaram uma derrogação do sistema anterior, teoricamente fundado sob o princípio da não intervenção dos poderes públicos na economia; porquanto são, sob o aspecto político e econômico, efetivamente instrumentos de intervenção econômica dos poderes. Aliás, mesmo se nos reportarmos à origem do termo intervenção, a denominação é exata, pois tais instrumentos já eram utilizados para restabelecer situações turbadas por fatores externos. Contudo, com relação a essa consideração, é preciso fazer duas observações:

Primeira, diferentemente do Estado do século XVII, o Estado liberal se mostra um operador muito mais capaz. Isso porque o Estado do século XVII, absolutista, falava muito; todavia, os instrumentos de que dispunha ou criava eram muitos rudimentares. Por sua vez, os instrumentos de intervenção estipulados a partir do início do século XX aperfeiçoaram-se e tornaram-se eficientes, uma vez que, com um simples ato normativo, é possível transferir rendas entre classes;

Segunda, os fatores externos, exceção feita aos eventos naturais, somente eram considerados externos por questões políticas, já que eram internos ao sistema econômico e consistiam em fatos ocasionados por grupos de operadores econômicos, denotando-se, contudo, devido a sua importância jurídica, que as decisões de intervenção têm alto custo econômico, que não recaem apenas sobre os que foram auxiliados pela intervenção, mas sobre toda a coletividade. Conclui-se, portanto, ser verdadeira a afirmação de que a classe detentora de poder transfere para toda a coletividade os custos de conflitos internos.

Por isso se diz que o Estado Burguês transformou-se. Aliás, transformação que ocorreu em um curto período de tempo, de modo que muitas intervenções que eram tidas como de curta duração, desdobraram-se em uma disciplina normativa de duração indeterminada e institucionalizada. Logo, a ação interventiva é uma evolução do Estado Burguês, uma vez que este não pode prescindir do legado do Estado setecentista de intervenção na economia.

Na contemporaneidade, conforme anteriormente visto, o crescimento do Estado cedeu espaço durante a ascensão do liberalismo político e econômico que acompanharam o processo de integração econômica dos mercados em nível global, caracterizado pela constituição de organizações de produção e informação que atuam em nível mundial.

A desregulamentação constitui a expressão jurídica desse processo. Certo que a regulamentação jamais foi o modo exclusivo de expressão e organização das relações entre Estado e sociedade, não se deve olvidar que ela foi durante muito tempo quem ocupou uma posição preponderante, apontando a importância do papel desenvolvido pelo Estado nas regulações sociais e de caráter jurídico das normatizações que ele exerce.

É preciso observar, entretanto, que a desregulamentação é termo ambíguo, que carrega dentro de si a existência de dois elementos de natureza diferentes: desregulamentação traduz a vontade de se desengajar o Estado de uma atuação na área econômica, que chega a colocar em choque o princípio de uma regulação pública em proveito do mercado; desregulamentação não significa, necessariamente, o fim de toda regulação pública, posto que a regulamentação constitui apenas um dos modos pelo qual se opera a regulação.

Assim, a desregulamentação pode ser executada por meio de novas formas de regulação como a mediação, a negociação pública, os procedimentos administrativos normativos, pelo conjunto de decisões administrativas e judiciais e pelo desenvolvimento de novos contratos ou formas de fomento administrativo.

Significa, contudo, que uma regulação pública ainda persiste, mesmo que sem conter a intensidade de outrora e transformando-se para deixar os agentes econômicos com grande espaço de liberdade. Nesse contexto, a intervenção pública deve aperfeiçoar suas técnicas e instrumentos a fim de agir como força complementar ao mercado.

O movimento de desregulamentação teve gérmen nos Estados Unidos, no correr dos anos 70, e, em seguida, estendeu-se pelo continente europeu, via Grã-Bretanha, chegando, a partir daí, ao Japão e à maior parte dos países do mundo, sendo encontrado, ainda, em inúmeros países em desenvolvimento que possuem uma fraca e insuficiente regulação jurídica em inúmeros domínios como saúde pública, trabalho e meio ambiente, em virtude das políticas de ajustamento estrutural impostas pelo FMI.

Assim, o papel tradicional do Estado é substituído por um movimento contrário que, em nome da liberdade, da eficácia e de aspirações generalizadas ao individualismo operam a fusão de valores tradicionalmente opostos do conservadorismo e do progressismo. As origens intelectuais do movimento de desregulamentação, que no seu seio opera a fusão de valores opostos do conservadorismo e do progressismo, aconteceu no campo das atividades econômicas e políticas. Por isso, pode-se dizer que o movimento de desregulamentação é a tradução jurídica do declínio das ideias keynesianas.

Nesse sentido, a substituição da regulação artificial estatal por uma regulação natural do mercado deve muito às ideias de F. A. Von Hayiek, que, conjugadas às lições monetaristas de M. Friedman e ao pensamento da Escola de Chicago, formaram a política pós-Keynes, levada a cabo a partir da década de 70, sendo o setor econômico o terreno escolhido para operar a desregulamentação, a fim de permitir a livre circulação de produtos, pessoas, serviços e capital, ou seja, setores em que uma pesada regulamentação existente rogava por certa liberdade.

No direito público econômico, o movimento de desregulamentação dirige-se à supressão de regulamentações que os liberais entendem restringir à liberdade econômica. Trata-se, pois, de uma desregulamentação que busca substituir a regulação estatal por uma regulação de mercado. Portanto, a lógica da desregulamentação aplicada ao direito pode assim ser resumida: livrar-se das regulamentações impostas pelas intervenções dos poderes púbicos a fim de estabelecer o livre jogo competitivo dos agentes econômicos. É essa lógica que permitiu e fundamentou a desregulamentação dos mercados financeiros nos anos 80 e 90 do século passado.

Essa lógica, contudo, não é fácil de ser aplicada, porque se choca com as necessidades da vida real, uma vez que os agentes econômicos estão habituados a operar em uma economia estruturada. Assim, tomadas uma a uma, as diferentes atividades, uma vez atendidas suas reivindicações para a supressão das regulamentações que lhes são prejudiciais (liberdade para fixação de preços, flexibilização de direitos trabalhistas e diminuição de encargos salariais), tendem, invariavelmente, a considerar que a desregulamentação deve ser imposta aos outros, ou seja, ao Estado, às atividades públicas e aos concorrentes.

Outro problema diz respeito ao fato de que, ao lado de uma regulamentação pública, existem prescrições emanadas por pessoas de direito privado: organismos profissionais, sindicatos, ordens profissionais ou empresariais. Além disso, não se deve esquecer o poder regulador do qual dispõem certas empresas privadas, considerando o consumidor como um dos participantes do mercado, pois os objetivos da liberdade de empreender não serão atingidos apenas com a desregulamentação estatal, na medida em que ela requer, igualmente, o desmantelamento da regulação privada. Da mesma forma, o desaparecimento da regulamentação não significa, entretanto, o fim de toda e qualquer forma de regulação. Pelo contrário, constata-se um verdadeiro surto regulador em substituição à regulamentação anterior. Nesse sentido, a desregulamentação deve ser analisada mais como uma troca da regulação existente, que aparece sobre outras formas, do que como sua desaparição pura e simples, posto que, na maior parte dos casos, a desregulamentação não acaba com a regulação jurídica das atividades econômicas, mas apenas dá origem a novas regras com conteúdo inovador.

Contudo, desde o início do processo de integração internacional dos mercados, referida superioridade do interesse representado pela autoridade pública já não se verifica. Essa integração acabou por colocar em xeque a soberania dos Estados clássicos, porquanto esses se demonstram incapazes de influenciar fortemente as relações dos agentes econômicos do mercado global (quebra da bolsa de 1987, crise asiática, mexicana de 1994, tailandesa de 1997, russa de 1999, argentina de 2001, crise financeira global de 2008 etc.). De igual modo, ela pode ser responsabilizada pelo declínio do papel protetor do Estado por meio da teoria do interesse público.

Essa debilidade dos instrumentos de intervenção do Estado pode, em parte, ser explicada pela separação latente entre Estado — que permanece como ator nacional —, por um lado, e empresas — que se transformaram em atores mundiais —, por outro lado. A integração econômica dos mercados produziu, pois, uma limitação do papel das instituições públicas com relação ao mercado, cujo apogeu parece ter sido atingido nos fins dos anos 80 e aparece atualmente dentro dos diferentes direitos econômicos.

> Sin embargo, en el último cuarto de siglo ha aumentado considerablemente el comercio mundial de bienes y se han desarrollado, por sobre las empresas nacionales, empresas multinacionales. Afirmándose, y por ende imponiéndose, una economía mundial, en la cual una empresa creada en un Estado puede tener sus establecimientos productivos en un Estado diverso y sus clientes en Estado a su vez distinto.
>
> El sector económico menos ligado al territorio, las finanzas, se ha ulteriormente desterritorializado, existiendo áreas del mundo en las cuales se concentran transacciones financieras que conciernen a todas las demás áreas, perdiendo todo anclaje nacional: "la city de Londres se propone ya como una suerte de off-shore Center. Se ha relevante por sí sola". En suma, Londres, como plaza financiera, ya no es solo parte del Reino Unido. (CASSESE, 2003, p. 64)

No ambiente contemporâneo, tem-se, portanto, o desenraizamento da economia, a integração internacional dos mercados, a formação de Redes de Governo e o tecnodireito.

Com isso, compreende-se, como afirma Cassese (2003), por que o Estado, que era soberano em matéria econômica, agora perde sua soberania justamente em favor da economia, e as razões pelas quais o governo da economia, que antes se mostrava unitário, agora se apresenta fragmentado. Ao mesmo tempo, compreende-se por que a reação parece desenhar-se no horizonte. Essa reação, que tem por escopo reequilibrar a dicotomia Estado/mercado, vislumbra-se na coordenação entre os poderes públicos internacionais por meio de Redes de Governo e pela determinação política do tecnodireito sobre a tecnoeconomia.

A interdependência entre os Estados continua pertinente com as concepções de separação, autonomia e limites fronteiriços. Nesse sentido, os Estados poderiam ser profundamente dependentes em suas escolhas e decisões, mas todas essas escolhas e decisões continuariam a dirigir e formatar o sistema internacional. Assim, subjacentes a essas tentativas de reequilíbrio e de readequação social, hoje se perfila um novo papel a ser desempenhado pelos aparatos públicos, em que esses, ao invés de serem reduzidos ao mínimo do liberalismo, procuram encontrar a difícil conciliação entre as vantagens do mercado e as vantagens do Estado pela coalescência dos métodos de coordenação de mercado, hierárquicos, heterárquicos e de *global governance*. Esse reequilíbrio, se confirmado, oferecerá novas vantagens às sociedades dos Estados-nação.

Chayes e Chayes, contrariando essa concepção, assumem que o sistema internacional em si mesmo tem se tornado um emaranhado de redes que fabricam acordos internacionais, organizações e instituições que moldam as relações estatais e penetram profundamente nos problemas políticos e econômicos das nações. Partem, pois, da proposição de que o mundo move-se para além da interdependência. Interdependência que se refere às condições gerais presentes na ideia de que os Estados são mutuamente dependentes e vulneráveis em relação ao que os outros Estados realizam.

Nesse sentido, por paradoxal que possa parecer, a medida da capacidade de um Estado agir como unidade independente do contexto do sistema internacional — nas condições em que a soberania se propõe a dar e descrever — depende da força e da capacidade para se conectar uns aos outros.

Abram e Antonia Chayes,[100] por entenderem que a tradicional categoria de soberania não se demonstra mais útil à compreensão contemporânea das relações internacionais, propõem uma nova designação para o termo, que passaria a significar a capacidade de participar em instituições internacionais de todos os tipos, em um esforço para atuar no cenário internacional participando e abordando problemas globais e regionais em conjunto com suas contrapartes nacionais e supranacionais. Concepção de soberania que atribui *status*

---

[100] "That the contemporary international system is interdependent and increasingly so is not news. Our argument goes further. It is that, for all but a few self-isolated nations, soverignty no longer consists in the freedom of states to act independetly, in their perceived self-interest, but in membership in reasonably good standing in the regimes that make up the substance of international life. To be a player, the state must submit to the pressures that international regulations impose. Its behavior in any single episode is likely to affect future relationships not only within the particular regime involved but in many others as well, and perhaps its position within the international system as a whole" (CHAYES; CHAYES, 1995, p. 27).

e reconhecimento para os Estados a partir da e na medida da inserção destes no contexto do sistema internacional e em função de sua capacidade de se engajarem uns com outros e, dessa forma, aceitarem obrigações mútuas.

Evidentemente, tal proposta implica a própria reformulação do conceito de soberania utilizado nas antigas categorias de entendimento: poder de agir, em última e definitiva instância, sem precisar consultar qualquer outra entidade, e de excluir qualquer interferência ou consideração externa. Além disso, tal proposta abre as portas para a eterna discussão e camufla quem decide no estado de exceção.

Slaughter (2005), partindo de sua noção de Estado desagregado — compreende que os Estados se apresentam no contexto internacional de forma fragmentada, representados por seus vários agentes e entidades, e não de forma unitária —, e indo em direção à concepção formulada por Chayes e Chayes (1995), conclui que a soberania como autonomia deixa de ter sentido:

> If the background conditions for the international system are connection rather than separation, interaction rather than isolation, and institutions rather than free space, then sovereignty-as-autonomy makes no sense. The new sovereignty is status, membership, connection to the rest of the world and the political ability to be an actor within it (SLAUGHTER, 2005, 267).

Indo além, Slaughter (2005) propõe que seja atribuída a cada uma dessas partes integrantes do Estado — a cada uma das administrações públicas — parcela de soberania, de modo a possibilitá-las exercer a soberania desagregadamente, de forma especificamente definida e elaborada para cada uma de suas próprias funções e capacidades. Tal proposição tem por base a compreensão de que, para maximizar a responsabilidade dos participantes de uma Rede de Governo, há de conceder-lhes certa medida de soberania individual ou institucional, pois em um mundo formado por Estados desagregados, a soberania, que tradicionalmente se atraca aos Estados, poderia ser, ao menos argumentativamente, desagregada: "Sovereignty understood as capacity rather than autonomy can easily attach to the component parts of states and includes responsibilities as well as rights" (SLAUGHTER, 2005, p. 266).

Assim, se os principais agentes desta ordem são agências, instituições e autoridades coletivamente responsáveis por funções governamentais legislativas, executivas e judiciais, eles devem, também, ser capazes de exercer tais funções com soberania. Precisam, portanto, tais unidades do Estado desagregado, ser hábeis para exercitarem direitos, pelo menos com algum grau de independência, e, da mesma forma, ser diretamente responsabilizados por suas obrigações.[101] Nessa linha, a soberania tratar-se-ia mais de atributo relacional do que insular, no sentido descrito como representando mais uma capacidade de se engajar do que um direito à resistência. Da mesma forma, aos reguladores poderiam ser similarmente conferidos poderes para interagirem com seus pares a fim de efetivarem as atividades com as quais se comprometeram.

Slaughter (2005) indica como principal vantagem dessa atribuição de soberania parcelada aos distintos órgãos do Estado desagregado a circunstância de sujeitá-los diretamente a obrigações internacionais. Assim, cada instituição governamental poderia ter uma obrigação independente para interpretar e implementar obrigações internacionais, da mesma forma que como no direito interno cada um dos ramos governamentais tem obrigações e responsabilidades diferentes para assegurar que suas ações sejam realizadas em conformidade com a Constituição.

Em um contexto doméstico, tanto os tribunais quanto os parlamentos poderiam ter a última palavra em caso de conflito interpretativo relacionado ao direito internacional a fim de garantir a possibilidade de unidade nacional quando essa se fizesse necessária. Entretanto, em muitos casos, obrigações internacionais concernentes ao comércio, meio ambiente, independência judicial, direitos humanos, controle de armas e outras áreas especificamente delineadas poderiam envolver diretamente as instituições governamentais encarregadas de resolver os problemas que surgem nesses campos.

Contudo, nessa concepção persiste, ainda, a dificuldade de se apontar o Soberano, uma vez que, hoje, o Rei apresenta-se como se tivesse múltiplos corpos, os quais, afora os tradicionais locais políticos, transitam, também, pelos fluxos financeiros mundiais, permeiam transações comerciais globais, passam pelas grandes redes de informação e incorporam-se nas decisões de investimento dos fundos soberanos. De forma que, mesmo que com um matiz de paradoxo, o poder soberano, o poder do Rei, está, simultaneamente, em toda a parte e em lugar nenhum (ANDRADE, 2008).

---

[101] "These rights and obligations may devolve from more unitary rights and obligations applicable to the unitary state or they may evolve from the functional requirements of meaningful and effective trnasngovernamental relations. Nonetheless the sovereignty of states must become more flexible and practical attribute" (SLAUGHTER, 2005, p. 268).

Por isso, é preciso compreender como os poderes mais gerais ou lucros econômicos podem inserir-se no jogo destas tecnologias de poder que são, ao mesmo tempo, relativamente autônomas, não se conectando a um único centro de decisão, e infinitesimais, sendo múltiplas e subestatais.

O resultado parecer ser um debate inconclusivo e interminável sobre a mudança na natureza da soberania: o que ela significa afinal? Ela ainda existe? Seu conceito ainda é útil?

No sentido que se tem dado ao trabalho até este ponto, qual seja, de compreender o direito homogêneo, que se perfaz em função do processo de integração internacional dos mercados e a consequente reação a este movimento por meio da coordenação administrativa internacional dos poderes públicos pelas Redes de Governo, crê-se que a resposta deve ser procurada nas novas formas de compreensão de manifestação do poder soberano e na recuperação do espaço autônomo do político,[102] uma vez que a economia capitalista, além de incorporar considerações políticas em suas decisões, procura tornar seus cálculos econômicos os princípios do agir político, substituindo, por conseguinte, os critérios políticos de decisão por aqueles da racionalidade econômico-capitalista: o que retirou da sociedade burguesa a possibilidade de refletir sobre o lugar autônomo do político.

5.2 Ainda há espaço para o político?

Para Weber (1992), a secularização levou ao crescente desencantamento e de-teologização do mundo moderno, do quais seguem o diagnóstico que o Estado moderno é fruto de um contínuo processo de desenvolvimento da racionalização e autodeterminação humana.

Schmitt (2006; 2002), em sentido contrário, entende que essa secularização não retirou a teologia do mundo, posto que esta continua a presidir, de modo imanente, o agir do homem no mundo e, por isso, constitui o caminho para analisar adequadamente a legitimidade da política moderna (PICH, 2009). Desse modo, ao incluir o irracional na ordem racional-política das democracias ocidentais, Schmitt antecipava, de certa forma, os motivos principais da argumentação presente na *Dialética do Iluminismo*, de Horkheimer e Adorno (1985).

---

[102] Burdeau (1975) salienta com acerto que a democracia deve ser construída. Acredita-se, pois, que a democracia social é fruto da ação humana e não um acontecimento natural, obra do acaso.

Logo, ao se falar em espaço próprio de *o político*, é preciso perquirir a validade desse diagnóstico formulado de Weber. Nesse intuito, Schmitt constrói a tese de que a criação de um mito político ou histórico nasce da atividade política, sendo a rede de provas, às quais não se pode renunciar, emanação de uma energia política que se recoloca na omissão de normas internamente fundamentáveis pelo sistema político como resultado do surgimento do iluminismo e do domínio da razão.

Schmitt acredita, pois, ser ainda possível, senão ver, ao menos entrever o campo do político nos tempos contemporâneos, isto é, ser factível identificar, no presente, elementos subjacentes — mesmo que sub-repticiamente apresentados como frutos da racionalidade — de uma *mito-lógica* dentro da *ordem racional moderna*, na medida em que esta essa *mito-lógica* afeta profundamente o conceito moderno do político (FLICKINGER, 1992).

E, ao falar-se de mito, é preciso ter em conta o duplo significado desse conceito, uma vez que vem ancorado em duas tradições diferentes do pensamento (FLICKINGER, 1992).

A primeira parte da perspectiva atual, que considera mito conceito oposto ao iluminismo e à racionalidade, congregando, dessa forma, conceito que tem *função negativa*. Desse modo, ao falar-se de pensamento mitológico, pretende-se indicar o tipo de pensamento que não segue os ideais de argumentação racional fundamentável. Nesses ideais racionais estão inclusos tanto a dominação da realidade pelo sujeito humano (que se dá pela *objetificação universal*) quanto a coisificação das relações sociais pela economia capitalistas e pela superioridade da ciência baseada nos princípios da causalidade e da autonomia da razão (tecnoeconomia). Assim, apesar de não ser contestada, a função específica para o mito é retirada do horizonte do saber fundamentado conforme as regras da razão.

A par dessa função negativa, dominante nos tempos modernos, caiu no oblívio a segunda função do mito, a *função produtiva*, que é determinante dos ideais políticos e sociais. Tal função, ainda não comprometida pelo domínio da racionalidade iluminista, é representada pelos mitos gregos ou pela caracterização aristotélica do mito na tragédia. Assim, segundo essa função produtiva do mito enquanto resultado de uma composição formalmente rígida e constituída de ações, surgem ideais políticos a partir de uma base *não pré-pensável*, portanto, não racionalmente legitimável, o que é essencial para a compreensão do pensamento schmittiano.

Entretanto, pela ação do pensamento iluminista, vê-se a predominância, na contemporaneidade, da concepção negativa sobre a concepção produtiva do mito, bem como a reduzida aceitabilidade da circunstância dos princípios orientadores da vida em comunidade só surgirem em e por meio do político, o qual não deve se encontrar submisso às normas racionais previamente determinadas, fundadas dentro da ordem estabelecida. Com relação a essa predominância, Schmitt (2007), em *Legalidade e legitimidade,* apresenta um conjunto de reflexões, que vêm acompanhadas de forte argumentação, expondo os paradoxos do liberalismo moderno — que se baseia no princípio da substituição da legitimidade pela legalidade — ao fazer da legalidade condição suficiente para legitimar a decisão. É inerente, pois, ao político moderno esse tipo de fonte racionalmente inexplicável, uma vez que não se diferencia, por critérios próprios, de qualquer outra atividade humana.

Portanto, o ponto crucial do pensamento schmittiano está no momento em que aponta a impossibilidade de se encontrar um fundamento último de legitimação dentro da racionalidade da política moderna. Dessa forma, ao se falar do *mito da soberania,* pode-se reconstruir o lugar exato dos elementos aparentemente irracionais, implícitos no uso moderno da palavra soberania. Isso exige ter em mente as considerações de Schmitt, principalmente as ligadas à questão da secularização da ideia de soberania, por ele reconsiderada.

A tese *O soberano é quem decide sobre o Estado de Exceção* desafia o senso comum dos juristas, já que ela, soberania, revela-se como categoria teológica secularizada: tese que estimula Sólon (2007) a excogitar a relação entre construções teológicas e o conhecimento jurídico tendo em vista o processo de dessacralização do mundo, ressaltando que a secularização do político não significa dessacralização, porquanto parcial, já que o poder político, mesmo no Estado moderno, não se desdivinizou completamente.

Entende-se, portanto, que o processo de secularização não deve ser interpretado como mera reprodução de questões teológicas por meio da racionalidade moderna. Ao contrário, o conceito de substituição significa uma retomada de perguntas sistemáticas até então não colocadas de modo suficiente pela conceituação teológica. Nesse sentido, torna-se compreensível a afirmação de Schmitt (2006) de que a secularização não transforma, senão esconde apenas o que o mundo não suporta — o que não pode suportar o qualifica, na medida em que o aparato jurídico-político da modernidade funda-se em princípios teológicos transmutados em princípios racionais pretensamente emancipados de sua origem mítica.

Por conseguinte, a teoria política que sustenta a modernidade constitui-se sob categorias conceituais que secularizam conceitos teológicos, na medida em que o Estado moderno apenas se constitui a partir da secularização dos princípios teológicos no campo jurídico. "Todos os conceitos concisos da teoria do Estado moderna são conceitos secularizados" (SCHMITT, 2006, p. 35).

Levando-se em consideração a posição schmittiana defensora da secularização enquanto representante de um problema metódico-sistemático de legitimação dos conceitos usados, espera-se o esclarecimento do conceito moderno de soberania política pelo recurso à sua fundamentação originariamente teológica. Daí por que procura esclarecer a gênese teológica desse conceito por meio da confrontação de dois textos do Velho e do Novo Testamento (FLICKINGER, 1992):

    I. o texto que contém a autorrevelação de Deus no momento da designação de Moisés (Êxodo, cap. 3 – Deus fala com Moisés do meio da sarça ardente);

    II. o texto do início do Evangelho segundo São João.

O Novo Testamento opõe ao Deus historicamente presente, do povo de Israel, um Deus transcendente, para o qual, em vez do intervir histórico, a palavra, o *logos*, tornou-se o meio por excelência de sua autorrevelação e intervenção. Foi justamente a essa concepção cristã que Schmitt aderiu. Assim, embora o Deus cristão tenha se transformado em homem, por meio de seu filho, Jesus, falta-lhe a historicidade prática, caracterizadora do Deus judaico. O *logos* representa a verdade eterna da sabedoria divina e revelar-se tanto à razão inerente ao mundo, quanto definir-se à ordem objetiva, ou seja, submissa a esta razão (FLICKINGER, 1992).

O Evangelho segundo São João parte da seguinte afirmação:

> O Verbo (Logos) se fez carne
>
> 1 No princípio era o Verbo (Logos), e o Logos estava com Deus, e o Logos era Deus.
>
> 2 Ele estava ao princípio com Deus.
>
> 3 Todas as coisas foram feitas por ele; e nada do que foi feito, foi feito sem ele. Nele estava a vida, e a vida era a luz dos homens;

Aí se têm, portanto, os dois momentos legitimadores da onipotência e, em última análise, da soberania do Deus cristão (FLICKINGER, 1992):

    I. o primeiro manifesta-se pela decisão originária quanto à criação do mundo, decisão esta que, renunciando a qualquer fundamentação argumentativa última, põe-se espontaneamente como soberana, exigindo respeito irrestrito;

II. o segundo momento tornar-se-á ainda mais importante para a compreensão posterior do conceito schmittiano de soberania política: ao *Logos* divino pertence o vigor de constituir a ordem objetiva, contendo-se nele a capacidade criadora desta ordem. Schmitt utiliza, seguindo a tradição teológico-cristã, esses dois momentos constitutivos para reforçar sua crítica ao conceito moderno de soberania, que está esvaziado de seu sentido verdadeiramente político. Por isso o caráter do *Logos* divino enquanto decisão originária, o qual não é mais fundamentável, e enquanto princípio criador da ordem objetiva aparecerá, novamente, no contexto de sua interpretação da essência da soberania política.

Isso explica porque a análise da obra de Schmitt *não pode estar baseada exclusivamente em conceitos meramente jurídicos*, uma vez que enraizada em questões teológicas e filosóficas, uma vez que, para Schmitt, a secularização, ao contrário de Weber, que a considerava um processo crescente de desencantamento e de-teologização do mundo moderno, demonstra que a teologia continua imanente no agir moderno.

Mas como Schmitt faz a transposição de contexto teológico para o político?

Para compreender-se a plenitude da resposta oferecida por Schmitt a essa pergunta, deve-se ter em mente um incômodo inerente à sua obra, o qual diz respeito à impressão de que ele quer seguir uma ideia antirracionalista. Para isso, requer-se o enfrentamento da opinião, não generalizada, mas, diga-se, também, não reduzida, de que Schmitt, no fundo, seria partidário do anti-iluminismo, opinião que tem seu gérmen no próprio paradigma do iluminismo, o qual exige que a legitimação da validade de uma ordem política seja dada por razões imanentemente fundamentadas, isto é, que seja legitimada em princípios racionais.[103]

Nesse aspecto, é importante a contribuição de Sólon na reconstrução do pensamento schmittiano, uma vez que procura destacar os momentos teóricos que não rompem com a razão, conquanto dela dependentes.

---

[103] Para Grau (2006, xiii), "o fato é que a analogia estabelecida por CS entre direito e a teologia permite a compreensão de aspectos que o racionalismo do Iluminismo (Aufklärung) não considera o discernimento de que alguns conceitos da teoria do Estado são conceitos teológicos secularizados, de que o Deus onipotente tornou-se o legislador onipotente, esse discernimento se completa na verificação de que a situação de exceção assume, para a jurisprudência, o mesmo significado que o milagre para a teologia. Somente na medida em que tomarmos consciência dessa analogia poderemos perceber a evolução pela qual passaram as ideias atinentes à filosofia do Estado nos últimos séculos. [...] O racionalismo do Iluminismo (Aufklärung) condena a exceção sob todas as suas formas".

A tendência ao absoluto, que caracteriza a Teologia Política, não se dirigiu a abstrações numinosas, mas inspirou seu autor a proceder tal como um sociólogo, indagando sobre a aplicação concreta do direito. Tomando como referência a visão dualista do Estado (juridicamente, uma pessoa jurídica ideal, sociologicamente, uma comunidade real de homens) a preocupação de Schmitt. (SOLON, 1997, p. 87)

Assim, a dificuldade que há reside na dupla função de um princípio racional fundador:
I. a efetividade de um princípio racional manifesta-se por sua exclusiva validade objetiva;
II. a efetividade de um princípio racional manifesta-se por sua capacidade de criar a unidade da ordem objetiva.

Nesse sentido, retornando à ideia de soberania divina, na tradição teológico-cristã, ambas as funções tornaram-se constitutivas à sua compreensão.

Já no contexto iluminista, em vez disso, abandona-se o sentido do princípio, enquanto princípio criador de uma ordem política. O que tem por consequência é o espaço livre do princípio racional em vigor. Justamente por isso, ou seja, pela falta de normas fundamentadoras, que teriam condições de justificar o ato soberano de criação da ordem, é que se perde o espaço autônomo do político na democracia parlamentar-representativa contemporânea.

Contentando-se, portanto, com a descoberta do princípio imanente da ordem política estabelecida, se entenderia, única e exclusivamente, a faticidade desta ordem que está aí, sem saber nada sobre sua origem, ou seja, sua fundamentação última. Levando para o campo jurídico, essa ideia de imanência ajuda no processo de compreensão da lógica do direito positivo, porquanto este seria expressão da normalidade. Isso tem o custo de se renunciar à noção de sua constituição genérica.

Porém, ao se procurar por pressuposto que não esteja submisso à própria racionalidade da ordem político-social, tem-se apenas uma alternativa de explicação: reconhecer o fato de que este momento "irracional" tem o caráter de condição constitutiva da normalidade objetiva, mesmo que este momento não possa ser reconduzido à racionalidade desta ordem. Esse momento constitutivo, ao seu turno, têm fundamentação fora do alcance do princípio político em vigor e evita a argumentação circular, pela qual o princípio político da constituição da ordem seria fundado nas determinações deste mesmo princípio (FLICKINGER, 1992).

O fato de as teses schmittianas estarem impregnadas da convicção da presença simultânea e inevitável de um momento constitutivo, que seria estranho à própria razão política vigente, aparece de forma explícita na *Teologia política* (SCHMITT, 2006). Tem-se, pois, para Schmitt, que a decisão[104] da ordem política precede à lógica de sua normalidade objetiva, colocando-a, dessa forma, fora do alcance de qualquer legitimação pelo princípio vigente. "Estar-fora e, ao mesmo tempo, pertencer: tal é a estrutura topológica do estado de exceção, e apenas porque o soberano que decide sobre a exceção é, na realidade, logicamente definido por ela em seu ser, é que ele pode também ser definido pelo oxímoro êxtase-pertencimento" (AGAMBEN, 2004, p. 57).

Por conseguinte, aí se vê a distinção dada por Schmitt (2006) à teoria de Jean Bodin,[105] quando aquele afirma que a base do sucesso

---

[104] É importante verificar a crítica de Negri, 2002, p. 17, à "decisão" de Schmitt: "A 'decisão', na qual Carl Schmitt vê a própria possibilidade do direito, in fieri, como divisão e confronto entre amigo e inimigo, e que ele vê percorrer, em seguida, a totalidade do ordenamento, formando-o e sobredeterminando-o, este ato de guerra representa o máximo de factualidade, plasmadas como imanência absoluta no ordenamento jurídico. A imanência é tão profunda que, à primeira vista, a própria distinção entre poder constituinte e poder constituído se desfaz, e o poder constituinte apresenta-se em sua natureza de poder originário ou de contrapoder, potência historicamente determinada conjunto de necessidades, desejos e determinações seculares. O fato, porém, é que a trama existencial sobre a qual o poder constituinte se define é, desde o início, rompida, reconduzida às determinações abstratas da violência, do evento puro como evento voluntário do poder. A tendência absoluta da fundação torna-se pretensão cínica: apos haver esboçado uma definição material de poder constituinte, Schmitt é enredado na sobredeterminação irracionalista de concepção de soberania — de uma concepção pura, não mais potência, mas do poder".

[105] Para falar sobre soberania é preciso reportar-se ao ano de 1576, data de publicação de *A República*, por Bodin, obra que permitiu atender aos desejos de identificação, nominação e caracterização do poder, então presentes.
Para Bodin, a soberania seria o poder que mantém a unidade e dá forma à República ou ao Estado, e assegura, ao mesmo tempo, sua coesão e independência. Teria a soberania como característica principal o fato de ser perpétua e absoluta. Seria perpétua porque exercida por toda a vida de seu detentor, que a detém em nome próprio, e não por delegação. Dessa característica, adviria o poder para dar e anular a lei de forma autônoma, sem consentimento de qualquer outro indivíduo. E seria absoluta porque é "[...] necessário que os soberanos não estejam de modo algum sujeitos às ordens de outrem e que possam dar leis aos súditos, quebrando ou ab-rogando as leis inúteis para promulgar outras", dando a entender que as leis dos soberanos, embora fundadas em boas razões, dependem exclusivamente de sua vontade.
Ainda segundo Bodin, a localização, ou seja, a sede da soberania, seria determinante da forma de Estado: i) monarquia: quando só um indivíduo detém a soberania e o resto do povo constitui mero espectador; ii) aristocracia: quando um pequeno grupo do povo possui a soberania e legisla para os demais; e iii) democracia: quando todo o povo, ou maior parte dele, possui o poder soberano. Cabendo salientar que Bodin não admite nenhum tipo misto de República, porque isso implicaria na admissibilidade da fragmentação do poder soberano.
A forma de Estado, por sua vez, guarda relação com o modo como a soberania é exercida em termos concretos, o qual pode ser implementado de múltiplas maneiras. Não sendo, portanto, impossível a existência de uma monarquia popular (quando o príncipe concede distinções a todos, sem considerações quanto à nobreza, à riqueza, ou à virtude do

deste está no fato de ele ter introduzido o momento de decisão no conceito de Soberania e a lúcida indicação referente a uma dupla raiz etimológica no conceito de monarquia (na *monás* divina e na *mia arché* aristotélica) demonstram a função central da ideia da soberania enquanto criadora da ordem política.

Pela perspectiva da ordem vigente, essa decisão é considerada como criada de um *nada*. Por isso, a indicação deste *abismo* explica, de certa forma, que alguns teóricos tenham a impressão de que Schmitt seja antirracionalista. Contudo, trata-se de impressão que não se confirma, haja vista o profundo espírito analítico aí investido. Pelo questionamento da razão-de-ser da lógica interna da normalidade,

---

favorecido) ou de uma democracia governada aristocraticamente (quando o povo soberano concede as funções honradas, as recompensas e os benefícios somente aos nobres).

Bodin portanto, já não procura recorrer a um direito divino real para fundar a soberania, o que representa uma ruptura com o pensamento medieval. De certa forma, apenas aceita o poder soberano — a soberania é porque é —, bastando que constitua um sistema em que a lei, como expressão e deliberação de uma vontade, prevaleça sobre todas as outras vontades concorrentes.

A partir dessas ideias, admite-se "[...] doravante em direito público, como um axioma, que deve haver necessariamente num órgão específico do Estado (deve nele residir como em sua sede) um poder supremo, original, primeiro, que não depende de outrem, que não está submetido a outrem por nenhum laço de sujeição". Apresentando-se, assim, a soberania como poder abstrato e indiferenciado, que não se vincula a nenhum outro e cuja coerção legítima que exerce advém de sua própria essência, quer dizer, esse poder não precisa ser atribuído ou reconhecido para ter o caráter de legítimo. Contudo, esse caráter absoluto da teoria do poder soberano de Bodin é, de certa forma, matizado por seu lado moralista, que não transige com certos valores, porquanto "Como reto governo, deve a República respeitar o direito sagrado, primordial, da família ou lar, e, conseqüentemente, o da propriedade privada".

Além disso, afirma Bodin que o príncipe soberano não pode, também, arbitrariamente, impor tributos aos súditos, assim como não lhe é facultado lançar mão do bem alheio, uma vez que se requer o consentimento do povo, exceção feita aos casos de necessidade. Por isso, no pensamento de Bodin, a distinção entre o meu e o teu seria inerente à República, pois não haveria coisa comum se não houvesse nada de particular. Repugnava, assim, a ideia, então difundida, de que todas as coisas pertenciam ao soberano, posto que a propriedade e a posse correspondem à esfera dos súditos.

Aliás, a classificação das formas possíveis de monarquia (real ou legítima, senhorial e tirânica), feita por Bodin, funda-se, sobretudo, no conceito de propriedade: i) na monarquia real ou legítima, o monarca mostra-se tão obediente às leis da natureza quanto deseja que seus súditos sejam obedientes para com ele, não lhes retirando, pois, a liberdade natural e a propriedade dos bens; ii) já na monarquia senhorial, o monarca é constituído senhor dos bens a partir do poder das armas e das guerras justas, governando seus súditos assim como o *pater famílias* governas seus escravos; por fim, iii) na monarquia tirânica, o tirano abusa das pessoas livres, dos escravos e dos bens dos súditos, como se todos fossem seus. Ressurgindo, por conseguinte, na indivisível soberania de Bodin, a exigência do reto governo, vale dizer, a necessidade de se conjugar à lei, expressão da vontade do príncipe, um conteúdo moral legítimo.

Conteúdo moral legítimo que tinha, portanto, a função limitadora do poder em face dos indivíduos. Não obstante isso, acabava por servir de obstáculo impediente à ação soberana dos poderes públicos. Era preciso, então, superar esse obstáculo moral.

Schmitt descobriu a base não mais legitimável dentro do princípio político vigente, gênese esta sem a qual a ordem nem existiria; menos ainda, nem poderia ser pensada.

Por isso, ao se interessar pelos critérios do caso de exceção, Schmitt adere ao decisionismo político, ou seja, a relação imediata do poder soberano com a vida e o reconhecimento explícito de que o Estado e o direito moderno têm suas estruturas fomentadas no âmbito teológico cristão. Isso permite dizer que a legitimação do poder soberano sobre a vida situa-se na esfera teológico-religiosa, que empresta legitimidade ao paradigma teológico-político que se funda na exceção do soberano.

Assim, finalmente, chega-se ao ponto que conecta a ideia de soberania divina à ideia político-secular, pois se descobre na ideia político-secular o lugar sistemático em analogia ao questionamento teológico: em ambos os casos, tem-se uma unidade de ordem objetiva, em que o princípio organizador e a decisão originária desta ordem pertencem inegavelmente como condições necessárias.

Nesse sentido, há que se conjugar a esta concepção a interpretação decisionista da tese *Auctoritas non Veritas facit Legem*, uma vez que importante é a decisão, qualquer que seja seu fundamento, não seu conteúdo, negando, pois, a possibilidade de se alcançar a unidade sistemática do direito por meio de uma criação livre do conhecimento jurídico, na medida em que esta unidade deriva de um comando e não de uma suposta consciência jurídica livre. O que mostra seu personalismo e permite entender por que considera, contrariamente, a identificação kelseniana entre Estado e Direito, que aquele é capaz de conservar sua existência que sobrevive a validade da norma jurídica, em função de sua indubitável superioridade, uma vez que no Estado de Exceção, o Estado suspende o direito com fundamento no seu direito de autoconservação.

> O Estado, enquanto unidade substancialmente política, tem uma existência anterior à Constituição. A unidade política, por meio de uma decisão consciente, cria a Constituição, que é apenas a decisão sobre "a forma e o modo da unidade política que lhe é anterior, mesmo tendo levado, em alguns casos históricos, o ato do poder constituinte à formação de Estados. (SOLON, 2007, p. 91)

A Constituição tem sua validade proveniente da vontade política concreta daquele que a cria. Tem-se, assim, a redução do conceito moderno de soberania a um elemento irracional de toda a ordem política, base incapaz de ser legitimada pela racionalidade do pensamento iluminista. Dessa forma, Schmitt sublinhou a necessidade de se reconquistar para o agir político a sua área própria e os seus próprios princípios fundamentadores, os quais seriam capazes de efetivamente se impor de modo originário e sem contrapartida às diferentes áreas autônomas do agir humano (por exemplo, o moral, o estético ou o econômico).

Há, portanto, dentro do liberalismo, uma tendência a escamotear a argumentação fundamentadora do político (em seu sentido estrito). Isso tem como consequência a neutralização da vida política, que resulta na denúncia de meras estruturas formais do político, sem valores últimos nem capacidades de se opor à usurpação do poder pelas respectivas camadas da sociedade civil. Igualmente, há de se falar, também, das contundentes críticas formuladas por Schmitt às pretensões do positivismo kelseniano de eliminação do conceito de soberania (SCHMITT, 2006).

A privatização do espaço do político implica uma generalizada neutralização espiritual, que, ao seu turno, se faz, cada vez mais, por meio de uma sociedade impregnada pela magia de uma tecnologia aparentemente neutra, perdendo-se qualquer critério autêntico de uma *res publica*.

Essa diagnose deveria provocar o raciocínio ao nível da própria teoria política, a sua possível fundamentação em princípios últimos, que deveriam ser levados como pressuposições à própria decisão política, sendo, portanto, de grande utilidade conceitual para a compreensão do problema da soberania na contemporaneidade a circunstância da teoria schmittiana e se ter descoberto o "abismo" do momento constitutivo do político, do qual podem surgir as alternativas:

I. ignorar esse momento não fundamentável pela rede conceitual do político, abrindo-se, dessa forma, caminho para o surgimento de mitos destrutivos e não legitimáveis; ou

II. procurar princípios de decisão sobre valores últimos do agir humano, aos quais os critérios do agir político deveriam ser submissos.

E, uma vez que a "mito-lógica" do político moderno dá a entender que as configurações históricas do político não são capazes de autofundamentarem sua legitimidade, a qual tem de ser encontrada fora da lógica do político, torna-se preciso recuperar o espaço autônomo do político, evitando-se, pois, a substituição de critérios deste por outros pertinentes à racionalidade e previsibilidade econômico-capitalista (FLICKINGER, 1992).

5.3 Soberania e direito homogêneo

Apesar de sua concepção do *Estado Universal e Homogêneo*, Kojève aceita a definição de Estado e de Política formulada por Schmitt, ou seja, de que a existência real do Estado e da política implica, necessariamente, a existência de outros Estados territoriais que são mutuamente inimigos, no sentido de que suas relações podem sempre tornar-se uma luta mortal entre adversários, bem como a divisão política interna entre governantes e governados.[106]

Simultaneamente e paradoxalmente, pode-se dizer que, para construir seu conceito de *Estado Universal e Homogêneo*, Kojève rejeita essa mesma tese de Schmitt, porquanto entende que as divisões de classe, no interior do Estado, têm semiautônoma significação política, uma vez que a determinação de quem é que está fora do *exclusivo grupo político ou jurídico* dentro do Estado não constitui uma mera função dos inimigos externos.

Nesse sentido, Kojève acredita que o *Estado Universal e Homogêneo* poderia, ainda, preservar a dicotomia amigo/inimigo, que caracteriza fundamentalmente o político por meio da internalização dessa luta, a luta entre amigos e inimigos. Assim, o direito poderia ter o verdadeiro caráter de direito estatal, sendo irresistível, mas sem o ser em sentido schmittiano, ou seja, não seria um Estado schmittiano, uma vez que o alcance do *Rechtsstaat* implicaria o fim do Estado nacional.[107]

Dessa forma, as relações entre "Estados" não serão mais matéria de política sob a sombra da guerra, mas, sim, juridicamente ordenadas. Nesse sentido, ele, *Estado Universal e Homogêneo*, é o terceiro quem

---

[106] "For there to be a State, the following two principal conditions must be fulfilld: 1) there must be a Society, of which all the members are 'friends', and which treats as an 'enemy' all non-members, whoever they are; 2) inside this Society a group of 'governors' must be clearly distinguished from the other members, who constitute the group of the 'governed.' Each of the two conditions is necessary; but taken individually neither is sufficient. There is a State, the, only if both [of these conditions] are fuilfilled. 'Friend' and 'enemy' mean 'political friend' and 'political enemy' [...] As for the 'governors', this nothing other than the 'exclusive group' of which [...] It is a group within a Society which can substitute itself for the totality of the members of this Society, i.e., remove Society from the influence of all the members of Society and use it as they like, without it perishing because of this and without the 'excluded' members leaving te Society inorder to form another. It is the way that the 'excluded' also form a group within the Society, which is subordinated to the 'exclusive group'" (KOJÈVE, 2007, p. 134-135).

[107] "The juridical unification of humanity, therefore, is not enough for Droit truly to exist in actuality, for the juridical Society thus formed depends upon States and is not therefore autonomous. Juridical unification, therefore, must be backed up by a political unification. Once again, Droit will only be real in actuality in the universal and homogenous State" (KOJÈVE, 2007, p. 126).

decide, em termos schmittianos, já que não há grupo particular ou indivíduos cujas relações com outros grupos ou indivíduos não possam ser determinadas pelo direito.

Apenas nesse sentido, o *Estado Universal e Homogêneo* é soberano, em termos schmittianos, na medida em que sua intervenção é irresistível.[108] Logo, se o terceiro é o detentor da soberania, no sentido de ser ele o decisor no *Estado Universal e Homogêneo*, não é o indivíduo que é soberano, mas o terceiro agindo na sua capacidade de terceiro por meio da aplicação do universal e singular conceito de justiça e, desse modo, agindo de forma imparcial e desinteressada.

Nesse sentido, o ataque de Schmitt ao constitucionalismo liberal será evocado para chamar a atenção ao personalístico caráter de toda a regra, apesar da ilusão ou mito liberal do *rule of law*,[109] lembrando que Schmitt procurou, desse modo, salvar o Estado como ente soberano, no sentido forte do termo, da diluição da soberania operada pelos liberais por meio do constitucionalismo.

De igual modo, Kojève demonstrou como o constitucionalismo liberal não pode satisfazer a si como Estado, concordando com Schmitt, isto é, que o Estado é soberano no seu sentido, constituído por relações de inimizade em relação aos outros Estados, que leva à admissão de que existirá uma dimensão personalística para toda regra aparentemente jurídica, em que o terceiro não aparece como terceiro desinteressado.[110]

---

[108] "We can say, therefore, that the "positive" Droit of the universal and homogenous States realizes 'natural' Droit, which is nothing other than the Droit as such — that is, the 'essence' of Droit. In the universal and homogenous State, therefore, the 'rationalist' theory of Droit coincides with the 'historical or sociological' theory.
That is the very core [le fond] of Hegelianism, or, if one prefers, of the dialectical understanding of history" (KOJEVE, 2007, p. 91-92).

[109] Assim, em um sistema de liberdades, onde nenhum governo tem o direto conhecimento das atividades econômicas individuais no interesse da sociedade, segue-se que esta limitação aplica-se ao uso instrumental do direito.
"That finding does not, however, detract from, but rather explains, the key role of legal rules compatible with free markets" (MESTMÄCKER, 2007, p. 23).
Do outro lado, os indivíduos, ao contrário dos governos, têm o conhecimento necessário para planejarem e implementarem suas próprias decisões econômicas, fundando-as sobre seus conhecimentos acerca dos preços e das regras jurídicas.
"The rules of law, particularly the rules of private law, make possible and implement individual economic planning. They are instruments of the 'granite of self interest' and help to guide individual industry towards its most useful employment. Private law rules (contract, property, torts) are, however, not merely the instruments of self interest. They simultaneously make individual liberty compatible with the liberty of others under a general rule" (MESTMÄCKER, 2007, p. 23).

[110] "As soon as one takes into account the reality of Droit, i.e., as soon as one speaks about real or 'positive' Droit, one cannot then introduce into the definition the (introspective) notion of 'disinterestedness' (or its behaviorist equivalent, i.e., the notion of C [being] 'anyone at all')

Nesse ponto, Kojève parece estar caminhando na trilha aberta por Schmitt contra o liberalismo, pois também entende que não há de se falar em elemento jurídico nas relações entre o Estado e os cidadãos individualmente considerados, uma vez que neste tipo de relação não há presença de um terceiro imparcial e desinteressado, já que o Estado, agindo como parte, não pode, simultaneamente, agir como terceiro.

Nesse sentido, a Constituição não passa de uma descrição de como o Estado, ou a exclusiva classe política deste, o organiza. Portanto, essa organização não está relacionada ao direito, mas à melhor forma de autopreservação do Estado, sendo a separação dos poderes mera ilusão liberal:

> I have said and I will say again that the interactions between the State and its citizens have nothing juridical about them, seeing that the State and its citizens have nothing juridical about them, seeing that the State cannot be a party and Third at the same time. Now it is necessarily a party here. Thus, is no Third, or consequently Droit in general. The State sets down its status (which implies that of its citizens) by a political act which has nothing juridical about it. Therefore, the Constitution as such (and in the broadest sense of the Word, it also implies the notion of Administrative Apparatus) has nothing to do with any Droit whatsoever: from the fact of a Constitution, the citizens do not have any droit in respect to the State, just as it does not have any droit in respect to the citizens; their relations are purely political, and it is only in the political sense that they can be legal or illegal. (KOJÈVE, 2007, p. 297-298)

Tendo, ainda, Schmitt em mente, Kojève afirma que a realização da ideia do constitucionalismo liberal que se consubstancia em uma despersonalizada regra de conduta, uma simples regra de direito e

---

without limiting the significance of this notion. In a given real Droit, C is not truly 'anyone at all': he is only anyone at all inside of a given group at a given momento f its historical existence. In other words, C will be 'disinterested' only from the point of view of this group and not in an absolute fashion. An observer situated outside of the group will see that he is determined by the group in question in its given historical state, that he is therefore 'interested' in maintaining this group, in the preservation of this state of things, since his intervention, by altering the group, would alter himself, since he thus feels the repercussion of his 'intervention'. And he will be 'interested' even in his capacity as C, i.e., as a 'juridical man'; for he will want to realize his ideal of justice. He will want, therefore, to intervene in an efficacious manner, i.e., by being supported by the State, by making the State act in his place, in conformity with his intention. But he has a 'ready-made' notion of the State. He will necessarily intervene, therefore, so that the State, such as he conceives it, can support his intervention. In other words, he will intervene by takin account of 'reason of State', such as he understands it. His 'Power' will not be 'separated' in fact from that of the State" (KOJÈVE, 2007, p. 87-88).

não uma regra de "homens", exige a realização de uma ordem social efetivamente transnacional e transpolítica, em que o terceiro, então, possa ser qualquer um.

Entretanto, a proposta de Kojève, que parte da crítica schmittiana ao Estado Liberal, vai, paradoxalmente, *de encontro* com os fundamentos da tese de Schmitt contra o constitucionalismo liberal, isto é, contra sua básica distinção amigo/inimigo, uma vez que sob o *Estado Universal e Homogêneo* não há mais espaço para a luta política.[111]

No *Estado Universal e Homogêneo*, segundo Kojève (2007), a ação sobre os cidadãos seria efetivada por meio de servidores civis, sendo que, fenomenologicamente, os servidores civis agiriam dentro de sua competência oficial quando atuassem em conformidade com a descrição do Estado prescrita na Constituição.

Aí está o busílis, já que Kojève, neste ponto, parece largar a trilha traçada por Schmitt para ir ao encontro da anteriormente criticada ideia do constitucionalismo e do Estado de Direito (*rule of law*), reintroduzindo, portanto, o clássico entendimento da legitimidade com o intuito de defender o constitucionalismo contra o ataque schmittiano. A compreensão desta reformulação do constitucionalismo realizada por Kojève é crucial para compreender a articulação da dinâmica pela qual o *Estado Universal e Homogêneo* irá procurar se autorrealizar.

Nesse sentido, de acordo com Kojève, a unificação do direito privado entre os diferentes Estados não é, por si só, suficiente para transformar em realidade o *Estado Universal e Homogêneo*, mesmo quando insuflado por acordos sobre singulares conceitos de justiça, uma vez que os genuínos e justos julgamentos somente serão realizados quando o direito público for harmonizado.

Contudo, ao fim e ao cabo, essa Constituição acabaria por fazer desaparecer o conceito de político formulado por Schmitt, uma vez que deixaria de existir a possibilidade de uma intervenção de terceiro que não estivesse em acordo com o conceito definido de justiça. Em outros termos, com uma Constituição supranacional, o acordo sobre o político acabaria por significar o fim do político como consequência

---

[111] "But if the State (or Society) is truly universal and homogenous, one does not see how it could perish or even change. Without external wars, without internal struggles, i.e., without revolutions, the State ought to remain indefinitely in identity with itself. The restriction 'at a given moment', therefore, no longer makes sense if it is a matter of a universal and homogenous State or Society. Therefore, one could finally say: 'a third C supposed to be able to be anyone at all' — that is, in 'introspective' language, 'a disinterested third C'" (KOJÈVE, 2007, p. 91).

da eliminação da distinção entre amigo/inimigo na luta entre e dentro dos Estados soberanos (KOJÈVE, 2007).

A unificação política ocorre por meio da criação da união jurídica. Uma vez que os Estados procuram criar uma federação de Estados, essa federação tem por base e como resultado a existência de um direito único, comum para todos os Estados federados, implicando, enquanto direito público, um elemento do direito federal regulando as relações entre os Estados federados e uma particular organização federal da justiça.[112] [113]

Ao afirmar que o fim do clássico Estado soberano chega por meio da constitucionalização, Kojève preenche um vazio deixado por Kant (2004) na *Paz Perpétua*, no que diz respeito à renúncia voluntária da soberania para formação de uma federação, uma vez que a lógica da unificação jurídica leva a um direito público comum, fornecendo as bases constitucionais para a federação na qual os Estados deixarão de ser soberanos. Além do mais, a unificação e federalização, apesar de começar com um limitado conjunto de Estados, tende em direção à universalização.

Contudo, é preciso lembrar que para Kojève (2007) a mera harmonização do direito positivo não levará ao *Estado Universal e Homogêneo*, uma vez que a unificação só será factível por meio de um acordo sobre um particular conceito de justiça, o qual sintetizará a equidade e equivalência. Entretanto, tal admissão por Kojève aumenta as dificuldades de sustentar seu argumento de que o gerenciamento tecnocrático das diferenças pode ser factível por meio de uma exclusiva classe jurídica. Aliás, tal argumento aproxima Kojève da concepção proposta por Slaughter (2005), que acredita que as diferenciações entre os direitos positivos dos Estados nacionais devem ser atribuídas mais às formas e particularidades históricas do que às verdadeiras distinções essenciais sobre o conceito de justiça, as quais podem, plenamente e

---

[112] "'Public international Droit', therefore, is not a sui generis Droit. There is only a single Droit, which is domestic Droit, for Droit only exists in actuality as domestic Droit (the Society which realizes it being, at the limit, Humanity). But to the extent that Droit only exists in potentiality and is applied to interactions between sovereign States, one can call it 'public international Droit'. However, this Droit only exists by definition in potentiality, and it transforms itself into (federal) domestic Droit by being actualized. This is why it tends to overcome itself as international" (KOJÈVE, 2007, p. 327).

[113] "However, the Federation will have a tendency to propagate itself as much as possible. At the limit, it will encompass the whole of humanity. Then it will cease being a State in the proper sense of the Word, no longer having enemies outside. And the federated States as well will consequently cease to be genuine States. The Federation will then become a simple, worldwide juridical Union" (KOJEVE, 2007, p. 327).

eficazmente, ser superadas pelos agentes envolvidos nas redes internacionais de governança.

Contudo, a realidade concreta continua afirmando as diferenças políticas que têm, por si sós, o condão de dividirem os homens nos agrupamentos amigos/inimigos, uma vez que, como visto, o conceito do político é amplo, abrangendo todas as áreas do agir humano capazes de se tornarem centro de poder. Isso porque a política, para Schmitt, não constituía uma esfera autônoma do conhecimento, mas uma intensidade de relações humanas, de forma que tudo poderia tornar-se político. O mundo continua, pois, sendo um *pluriversum* político. E, como bem consignou Sólon (2007), retirando-se o véu que encobre a vontade, verifica-se que o problema da soberania não constitui um problema de pressuposição ou hipótese da ciência jurídica, mas que, pelo contrário, demanda investigação empírica de certos fatos porque a soberania não é imputação, mas o exercício de uma força social que obtém obediência às suas prescrições.

A recuperação do espaço do político, portanto, demonstra-se premente na medida em que a harmonização do direito caminha por força da tecnoeconomia, antes que por força da comunhão de um conceito de justiça, o que leva, inclusive, à necessidade de resgate do espaço do político para impor-se sobre este mesmo direito, ou seja, recuperando às unidades políticas a capacidade de agir e o poder de conduzirem-se livremente ante o poder técnico-econômico,[114] pois, como dizia a silenciosa voz a Zaratustra: "O mais indesculpável em ti é teres o poder e não quereres reinar" (NIETZSCHE, 2008, p. 201).

Ressalva-se, apenas, que não constitui objeto do caminho trilhado até este ponto erigir nova concepção teórica de soberania, mas apenas de trabalhar com a realidade concreta, na qual os poderes econômicos constituídos encontram-se em condições de questionar e até mesmo modular a atuação interventiva do Estado na área econômica, retirando, pois, de sua soberania, a aura que até então a envolvia.

---

[114] No mundo, a atitude primeira é perceber que as coisas são amáveis ou odiáveis, facilitam a nossa vida ou, pelo contrário, oferecem resistência à nossa vida. Percebendo, pois, que as coisas podem oferecer resistência à nossa ação no mundo, à nossa vida, procuramos superar tais resistências por elas oferecidas — tecnodireito; tecnoeconomia etc. E um dos instrumentos que permite vencer essa resistência — conforme preleciona Morente (1980) — consiste justamente em pensar o que é isto que nos põe resistência, uma atitude secundária à própria percepção da resistência, mas que nos dá uma percepção completamente diferente da primeira atitude.

Considerações Finais

A experiência cotidiana das crescentes interdependências em uma sociedade mundial complexa varia imperceptivelmente a autopercepção dos Estados nacionais e dos seus cidadãos. Os antigos atores independentes com capacidade decisória aprendem novos papéis. Tanto os participantes nas redes transnacionais quanto os que se adaptam às exigências funcionais da cooperação, assim como os membros das organizações internacionais são obrigados a compromissos e expectativas normativas.

A incapacidade das políticas públicas keynesianas tem levado os Estados em direção a uma nova arquitetura institucional, que se aproxima do modelo denominado por Jessop (2002) de modelo schumpeteriano, e a novas e diversas formas de coordenação entre os Estados nacionais, somada a ambivalências institucionais, provocadas pelo poder em rede, a modos de desterritorialização do capital, a velocidades das inovações tecnológicas, a novas formas de governar, a "inovações" financeiras, enfim, às próprias transformações estruturais do capital, refletem-se no direito e provocam tanto a angústia de lidar com categorias que já não se aplicam quanto o desafio de criar novas categorias aptas a captar o direito que hoje se faz: *Direito Homogêneo* que decorre da necessidade de suplantar os limites apresentados pelo padrão fordista de sistema social de produção, em função da integração internacional dos mercados, da mitigação da soberania estatal, em face da debilidade dos instrumentos tradicionais dos Estados intervirem na economia, da ascendência técnica e econômica como eixos de desenvolvimento da sociedade contemporânea, que constituem o tecnodireito e da formação de Redes de Governo como nova fórmula de coordenação heterárquica dos mercados globais.

Encontra-se, portanto, distante dos anos iniciais do pós-guerra, quando as instituições eram nacionalmente enraizadas, cujos arranjos permitiam previsibilidade e planejamento de ambiciosas estratégias nacionais. E, vez que a exceção é o estado de espírito do capitalismo contemporâneo, tem-se que as máquinas normativas — legislativas, executivas, judiciárias, agências, agentes econômicos, poderes públicos nacionais e internacionais — não cessam de produzir instrumentos normativos reclamados pela mudança econômica.

Esses processos sistemáticos pulverizam as condições de toda independência nacional, que eram os pressupostos da soberania: os Estados nacionais afrontam, crescentemente, problemas técnicos de grande dimensão que exigem cooperação internacional com o objetivo de lograr coordenação de políticas concertadas regional e inclusive globalmente: os Estados se implicam com crescente intensidade em redes de uma sociedade mundial cada vez mais interdependente, cuja especificação funcional avança sem impedimentos por cima das fronteiras territoriais.

Nesse contexto, mesmo que a convergência de objetivos comportamentais — condutas que levam a resultados almejados — não implique, necessariamente, uma convergência institucional — organização que possibilita a realização das condutas almejadas —, entrevê-se que as estruturas jurídicas, cujo funcionamento, nos diversos Estados, eram representadas por uma pirâmide — da norma fundamental superior aos comandos normativos inferiores —, estão convivendo, cada vez mais, com uma estrutura em rede.

Antes, existia um jogo com regras claras, representadas estruturalmente pela pirâmide. Agora, há uma estrutura em que a hierarquia é desconhecida porque não se conhece a conformação da rede, que pode adquirir variados amoldamentos conforme o tema da decisão. Passa-se, consequente e paulatinamente, da hierarquia para a heterarquia. Todas as fontes produzem normas, sejam elas internacionais, comunitárias, estatais, regionais ou negociais.

A integração internacional dos mercados conduziu, pois, à limitação do papel das instituições públicas com relação ao mercado, haja vista a repercussão do poder econômico do capital financeiro transnacional na tomada de decisões de política econômica interna. A estruturação mundial dos mercados (capitais, bens e condutas) somente se torna plausível por meio da institucionalização de direitos — necessários à reprodução do capital — no espaço dos Estados nacionais.

As medidas governamentais se traduzem no constante clamor por reformas econômicas, formulações e reformulações de políticas econômicas, alterações na arquitetura do Estado nacional que não cessam, acompanham, invariavelmente, a prosopopeia econômica: os humores, depressões, interesses e vicissitudes dos mercados internacionais.

Nesse contexto, explorou-se o conceito de *Estado Universal e Homogêneo* formulado por Kojève (2007), particularmente sua tese da harmonização jurídica, baseada em um conceito uniforme de justiça compartilhado pela elite jurídica, o qual seria, posteriormente, repassado à elite política, como condição para o estabelecimento daquele Estado.

Neste estudo, constatou-se que o *Estado Universal e Homogêneo* encontra-se distante de ser realizado, a partir da identificação de que a homogeneização do direito global, tanto em sua vertente harmonizadora quanto em sua vertente uniformizadora, vem sendo realizada pelas pretensões normativas da tecnoeconomia. Da mesma forma, verificou-se que o mundo ainda permanece um *pluriversum político* e que as Redes de Governo, mesmo permitindo uma retomada da coordenação econômica, fomentam, paralelamente, a ambivalência jurídica.

A partir do anteriormente exposto, identificou-se a necessidade de se dialogar com duas grandes tendências teóricas que prevalecem na análise do tema: a primeira, de cunho técnico, aposta na relevância do papel das Administrações Públicas no processo de regulação do mercado global; a segunda, de cunho político, visa ao reestabelecimento do espaço político a partir da crítica ao discurso de neutralização, articulado pelo saber tecnoeconômico como compensação dos efeitos da integração internacional dos mercados.

Exemplos da primeira, ou seja, da tendência que vê a prevalência da técnica sobre a política no processo de instituição de uma *global governance* capaz de instituir a regulação do mercado global, podem ser vistos, marcadamente, em Cassese (2003) e Slaughter (2005), na medida em que, segundo esses autores, os corpos, as elites jurídicas, políticas e burocráticas, os procedimentos e as soluções técnicas que envolvem a integração das administrações não apresentam os problemas próprios das organizações políticas, mas de *rule of law, expertise, accountability, speed, fairness, due process of law*, transparência e compartilhamento de um conceito universal de justiça.

O ordenamento jurídico global representa, segundo essa tendência, quatro grandes características: i) responde à exigência de controlar a globalização; ii) não se forma a partir de superposições, mas por cooperação, por decisões conjuntas, por colaboração e pelo *rule of law*; iii) nele predominam aspectos funcionais, regras, procedimentos, comportamentos que prevalecem sobre organizações e estruturas, já que se apresenta como um agregado de organizações gerais, setoriais e de acordos em que não há a figura de um soberano ou mesmo de uma supremacia; iv) tem caráter composto, já que nele se encontram justapostos, interdependentes, integrados, segundo os casos, elementos jurídicos diversos, nacionais e supranacionais.[115]

Em linha com a segunda tendência, podem ser encontrados, especificamente, exemplos em Irti (2005) e Losano (2005), cujos textos apontam que, apesar de o processo de globalização ter fomentado competitividade, produtividade e integração no campo econômico, não se pode esquecer que tem gerado a fragmentação, a exclusão e a marginalidade do político na formulação do direito.

Procurou-se dialogar com essas duas tendências, pois, em vez de se acatar uma delas em detrimento da outra, optou-se por trabalhar simultaneamente com ambas, porquanto se acredita que a institucionalização de mecanismos de controle do mercado está sendo fomentada tanto por necessidades próprias do aparato técnico-burocrático das administrações estatais quanto por pressão das demandas sociais, as quais levam à necessidade de retomada da reflexão sobre o papel do político na contemporaneidade.

Para realizar o diálogo e consequente crítica a essas tendências, foi preciso compreender como o pensamento iluminista, a partir da ilimitada crença no progresso, fez com que as sociedades renunciassem ao conteúdo emancipatório do pensamento político em favor da técnica e da economia, cuja junção, perfazendo a tecnoeconomia, foi singularmente compreendida por Schumpeter (1975). Entretanto, a mesma razão que impulsionou a modernidade, fazendo o homem vazio de mitos, transformou-a em uma modernidade esvaziada em termos niilistas. Nesse ponto, como contrainstância à razão, é que se verificou a força e potência da contundente filosofia Nietzsche (2008), com *Zaratustra* invocando a *Destruição-Criativa*, chamando atenção para a necessidade de experiências de autodesocultação de uma subjetividade descentrada, liberta de todos os constrangimentos da cognição e de todos os imperativos da utilidade e da moral.

Esse é o processo que permitiu chegar-se a uma proposta para compreensão do direito contemporâneo, isto é, a que o compreende como um direito que se homogeniza, o *direito homogêneo*, caracterizado por sua instrumentalização posta ao serviço do *estado de exceção econômica* permanente em que se vive (AGAMBEN, 2004), que obnubila

---

[115] Organização das Nações Unidas — que é um aglomerado de instituições —, Organização Mundial do Comércio, União Europeia, Mercosul, G8, centenas organismos setoriais — correios, tráfego aéreo, comunicações etc. —, até organizações informais.

a soberania e coloca a premência de recuperação do espaço para a categoria do político (SCHMITT, 1992) como forma de reatribuir ao direito a força capaz de torná-lo apto a se impor, mesmo como tecnodireito, à tecnoeconomia (IRTI, 2005).

Por fim, pode-se dizer que aí, neste processo do direito homogêneo, está a dor, que nasce da conscientização de saber-se estar convivendo no mesmo ninho de Fênix, com o novo, o direito que se faz, e com o antigo, a ciência que dele se faz, e que perfaz a nossa *Destruição-Criativa*. A dor que se faz da necessidade de se criar respostas para não ver esse mesmo ninho transformar-se em túmulo niilista.[116]

---

[116] Para Maman, "a resistência à realização do niilismo —pathos de autenticidade — é a palavra de ordem à qual devem atender não só os povos latino-americanos, mas também todos os povos do planeta" (2003, p. 85).

Referências

ABBAGNANO, N. *Dicionário de filosofia.* 2. ed. Tradução coordenada e revisada por Alfredo Bosi com a colaboração de Maurice Cunio *et al.* São Paulo: Mestre Jou, 1982.

ADORNO, T. W.; HORKHEIMER, M. *Dialética do esclarecimento:* fragmentos filosóficos. Tradução de Guido Antonio de Almeida. Rio de Janeiro: Zahar, 1985.

AGAMBEN, G. *Estado de exceção.* Tradução de Iraci D. Poleti. São Paulo: Boitempo, 2004.

ANDRADE, R. E. Fundos soberanos e os múltiplos corpos do rei. *Valor Econômico,* seção opinião, 12 maio 2008.

ARRIGHI, G. A crise africana: aspectos regionais e sistêmico do mundo. *In*: SADER, Emir (Org.). *Contragolpes*: seleção de artigos da New Left Review. Tradução de Beatriz Medina. São Paulo: Boitempo, 2006.

BAUDELAIRE, C. *As flores do mal.* Rio de Janeiro: Nova Fronteira, 2006.

BAUMAN, Z. *Amor líquido:* sobre a fragilidade dos laços humanos. Tradução de C. A. Medeiros. Rio de Janeiro: Zahar, 2004.

BAUMAN, Z. *Modernidade e ambivalência.* Tradução de Marcus Penchel. Rio de Janeiro: Zahar, 1999.

BELLO, W. The capitalist conjuncture: over-accumulation, financial crises, and the retreat from globalisation. *Third World Quarterly,* v. 27, n. 8, p. 1364, 2006. Disponível em: <http://www.informaworld.com/smpp/content~content=a767 852840&db=all>.

BENJAMIN, W. *Magia e técnica, arte e política:* ensaios sobre literatura e história da cultura. Tradução de Sérgio Paulo Rouanet; prefácio de Jeanne Marie Gagnebin. 7. ed. São Paulo: Brasiliense, 1996. (Obras Escolhidas, v. 1).

BITTAR, Eduardo C. B. *O direito na pós-modernidade.* Rio de Janeiro: Forense, 2005.

BURDEAU, G. A. *A democracia:* ensaio sintético. Tradução de Paulo Antônio dos Anjos. 3. ed. Lisboa, Mira-Sintra: Publicações Europa-América, 1975.

CAMPILONGO, C. F. *O direito na sociedade complexa.* São Paulo: Max Limonad, 2000.

CAPRA, F. *O Tao da Física:* um paralelo entre a física moderna e o misticismo oriental. Tradução de José Fernandes Dias, prefácio de Mário Schenberg. São Paulo: Cultrix, 2006.

CARRIÓ, G. R. *Notas sobre derecho y lenguaje*. 4. ed. rev. e ampl. Buenos Aires: Abeledo-Perrot, 1990.

CASSESE, S. *La crisis del Estado*. Buenos Aires: Abeledo Perrot, 2003.

CASTELLS, M. *A sociedade em rede*. Tradução de Roneide Venancio Majer com a colaboração de Klauss Brandini Gerhardt. 11. ed. São Paulo: Paz e Terra, 2008. (A era da informação: economia, sociedade e cultura, v. 1).

CHÂTELET, F.; PISIER-KOUCHNER, E. *As concepções políticas do século XX*: história do pensamento político. Tradução de Carlos Nelson Coutinho, Leandro Konder. Rio de Janeiro: Zahar, 1983.

CHAYES, A.; CHAYES, A. H. *The New Sovereignty*: Compliance with International Agreements. London: Harvard University Press, 1995.

COTTA, S. *Introduzione allá filosofia del diritto*. Torino: G. Giappichelli, 1984.

DEZALAY, Y.; GARTH, B. G. *Political Crises as Professional Battlegrounds*: Technocratic and Philanthropic Chalenges to the Dominance of the Cosmopolitan Lawyer-Statesman in Brazil. Material fornecido em seminário na Faculdade de Direito, USP, 1997.

ENGISH, K. *Introdução ao pensamento jurídico*. 6. ed. Tradução de J. B. Machado. Lisboa: Fundação Calouste Gulbenkian, 1988.

ESTY, D. C. Good Governance at the Supranational Scale: Globalizing Administrative Law. *The Yale Law Journal*, v. 115, issue 7, p. 1500, May 2006.

FARIA, J. E. *O direito na economia globalizada*. 2. tiragem. São Paulo: Malheiros, 2000.

FERRAZ Jr., T. S. *Introdução ao estudo do direito:* técnica, decisão e dominação. São Paulo: Atlas, 1989.

FLICKINGER, H. G. A luta pelo espaço autônomo do político. *In*: SCHMITT, C. *Conceito do político*. Petrópolis: Vozes, 1992.

FLICKINGER, H. G. *Em nome da liberdade:* elementos de crítica ao liberalismo contemporâneo. Porto Alegre: EDIPUCRS, 2003.

FOUCAULT, M. *Microfísica do poder*. Organização e tradução de Roberto Machado. Rio de Janeiro: Graal, 1979.

FREY, F. S. A Utopia?. Government without Territorial Monopoly. *The Independent Review*, v. VI, n. 1, p. 99-112, Summer 2001.

FUKUYAMA, F. *O fim da história e o último homem*. Tradução de Aulyde Soares Rodrigues. Rio de Janeiro: Rocco, 1992.

GADAMER, H. G. *Verdade e método*. 3. ed. Petrópolis: Vozes, 1999.

GALGANO, F. La globalización en el espejo del derecho. Trad. para o espanhol por Horacio Roitman y Maria de la Colina. Buenos Aires: Rubinzal-Culzoni Editores, 2005.

GARCÍA DE ENTERRÍA, E.; FERNÁNDEZ, Tomas-Ramom. *Curso de derecho administrativo*. Madrid: Editorial Civitas, 1995. v. 1.

GIANNINI, M. S. *Diritto pubblico dell'economia*. Bologna: Società editrice il Mulino, 1977.

GIDDENS, A. *As consequências da modernidade*. Tradução de Raul Fiker. São Paulo: UNESP, 1991.

GOMES, O. *Introdução ao direito civil*. 9. ed. Rio de Janeiro: Forense, 1987.

GOWAN, P. Crisis in the Heartland: Consequences of the new Wall Street System. *New Left Review*, 55, Jan./Feb. 2009. Disponível em: <http://www.newleftreview.org/?page=article&view=2759>.

GRAU, E. R. *Introdução à teologia política de Carl Schmitt*. Belo Horizonte: Del Rey, 2006.

GREENSPAN, A. *The age of Turbulence*: Adventures in a New World. New York: Penguin Press, 2007.

GRIECO, F. A. *O Brasil e a nova economia global*. São Paulo: Aduaneiras, 2001.

HABERMAS, J. O. *Discurso filosófico da modernidade*. Tradução de A. M. Bernardo et al. Lisboa: Publicações Dom Quixote, 1990.

HALLIDAY, F. A guerra fria e seu fim: consequências para a teoria das relações internacionais. *Contexto Internacional*, Rio de Janeiro, v. 16, p. 53-73, jan./jun. 1994.

HART, H. L. A. *O conceito de direito*. Tradução de A. R. Mendes. Lisboa: Fundação Calouste Gulbenkian, 1986.

HARTMAN, R. S. Ensaio introdutório. *In*: HEGEL, G. W. F. *A razão na história*: uma introdução geral à filosofia da história. Tradução de Beatriz Sidou. São Paulo: Editora Moraes, 1990.

HARVEY, D. *Condição pós-moderna*. São Paulo: Loyola, 1992.

HARVEY, M.; METCALFE, S. *The order in of change*: Polaniy, Schumpeter and the Nature of the Market Mechanism. Disponível em: <http://philo.at/wiki_stuff/bw/polyani_schumpeter_amrket.pdf>.

HAYEK, F. A. *Law, Legislation and Liberty*. Chicago: The University of Chicago Press, 1983. (Rules and Order, v. 1).

HEGEL, G. W. F. *A razão na história*: uma introdução geral à filosofia da história. Tradução de Beatriz Sidou. São Paulo: Editora Moraes, 1990.

HEGEL, G. W. F. *Princípios da filosofia do direito*. 2. ed. Tradução de N. P. Lima, adaptação e notas M. Pugliese. São Paulo: Ícone, 1997.

HOLLINGSWORTH, J. R.; BOYER, R. *Contemporary Capitalism*: the Embeddedness of Institutions. Cambridge: Cambridge University Press, 1998.

IRTI, N. *L'età della decodificazione*. Milano: Giuffrè Editore, 1999.

IRTI, N. *Nichilismo giuridico*. Roma: Laterza, 2005.

ISLAN, R.; RESHEF A. Trade and Hamonization: if your Institutions are Good, does it Matter if they are Different?. *World Bank Policy Research Workng Paper*, 3907, May 2006.

JESSOP, B. *The Future of the Capitalist State*. Great Britain: Blackwell Publishing, 2002.

KANT, I. *A paz perpétua e outros opúsculos*. Lisboa: Edições 70, 2004.

KELSEN, H. *Teoria pura do direito*. Tradução J. B. Machado. Coimbra: Armênio Amado, 1984.

KOJÈVE, A. *Outline of a Phenomenology of Right*. Trad. por Bryan-Paul Frost and Robert Howse. Maryland, USA: Rowman & Littlefield Publishers, 2007.

LEAL, R. P. *Soberania e mercado mundial*: a crise jurídica das economias nacionais. 2. ed. Leme, SP: Editora de Direito, 1999.

LOSANO, M. G. Modelos teórico, inclusive na prática: da pirâmide à rede. Novos paradigmas nas relações entre direitos nacionais e normativas supraestatais. *Revista do Instituto dos Advogados de São Paulo*, São Paulo, ano 8, n. 16, p. 264-284, jul./dez. 2005.

MAMAN, J. A. *Fenomenologia existencial do direito*: crítica do pensamento jurídico brasileiro. 2. ed. São Paulo: Quartier Latin, 2003.

MAXIMILIANO, C. *Hermenêutica e aplicação do direito*. 15. ed. Rio de Janeiro: Forense, 1995.

MESTMÄCKER, E-J. *A Legal Theory without Law*. Tubingen, Germany: Mohr Siebeck, 2007.

MICHEL, R.; RANGEL, R. *Desafios de um novo padrão de acumulação*. Rio de Janeiro: Lumen Juris, 1994.

MORENTE, M. G. *Fundamentos de filosofia I*: lições preliminares. 8. ed. Tradução G. C. Coronado. São Paulo: Mestre Jou, 1980.

NASCIMENTO, Joelton. *A globalização e o iluminismo mitológico*. Disponível em: <http://www.odialetico.hd1.com.br/filosofia/globa.htm>.

NEGRI, A. *O poder constituinte*: ensaio sobre as alternativas da modernidade. Tradução de Adriano Pilatti. Rio de Janeiro: DP&A Editora, 2002.

NIETZSCHE, F. *Assim falava Zaratustra*: um livro para todos e para ninguém. Tradução e notas explicativas da simbólica nietzscheana de Mário Ferreira dos Santos. 2. ed. Petrópolis: Vozes, 2008.

PICH, S. *Extra corporem nulla sallus*: a encruzilhada entre corpo, secularização e cura no neopentecostalismo brasileiro. 2009. Tese (Doutorado em Ciências Humanas) – Centro de Filosofia e Ciências Humanas, Universidade Federal de Santa Catarina, Florianópolis, 2009.

POE, E. A. *O homem da multidão*. Florianópolis: Paraula, 1993.

POLANYI, K. *The great Transformation*: the Political and Economic Origins of our Time. Boston: Beacon Press, 1957.

POSNER, R. A. *El análisis económico del derecho*. México: Fondo de Cultura Económica, 1998.

REINERT, H.; REINERT, E. S. Creative destruction in Economics: Nietzsche, Sombart, Schumpeter. *In*: BACKHAUS, J. G.; DRECHSLER, W. (Org.). *Friedrich Nietzsche (1844-1900) economy and society*. New York: Springer, 2006.

RICUPERO, R. Os Estados Unidos da América e o reordenamento do sistema internacional. *In*: FONSECA, Gelson; NABUCO, Sérgio. *Temas de política externa brasileira II*. São Paulo: Paz e Terra, 1994. v. 1.

RODRIK, D. Growth Strategies. *NBER Working Paper Series*, n. 10050, Oct. 2003. Disponível em: <http://www.nber.org/papers/w10050>.

ROSSI, G. *Il gioco delle regole*. Milano: Adelphi, 2006.

SALGADO, Joaquim Carlos. Carl Schmitt e o Estado democrático de direito. *In*: SCHMITT, Carl. *Legalidade e legitimidade*. Belo Horizonte: Del Rey, 2007.

SANTOS, B. S. *Para um novo senso comum*: a ciência, o direito e a política na transição pragmática. 3. ed. São Paulo: Cortez, 2001. (A crítica da razão indolente: contra o desperdício da experiência, v. 1).

SANTOS, M. *Por uma outra globalização*: do pensamento único à consciência universal. 2. ed. Rio de Janeiro: Record, 2000.

SCHMITT, C. *Legalidade e legitimidade*. Tradução de T. L. C. Romão. Belo Horizonte: Del Rey, 2007.

SCHMITT, C. *O conceito do político*. Tradução de A. L. M. Valls. Rio de Janeiro: Vozes, 1992. (Coleção Clássicos do Pensamento Político).

SCHMITT, C. *Teologia política*. Tradução de Elisete Antoniuk. Belo Horizonte: Del Rey, 2006.

SCHUMPETER, J. *Capitalism, Socialism and Democracy*. New York: Harper Colophon, 1975.

SLAUGHTER, A-M. *A New World Order*. Princeton: Princeton University Press, 2005.

SMITH, A. *A riqueza das nações*: investigação sobre sua natureza e suas causas. Tradução de Luiz João Baraúna. São Paulo: Nova Cultural, 1996. v. 2.

SOLON, A. M. *Teoria da soberania como problema da norma jurídica e da decisão*. Porto Alegre: Sergio Antonio Fabris, 1997.

SWEDBERG, R. *Max Weber e a idéia de sociologia econômica*. Rio de Janeiro: Editora UFRJ; São Paulo: Beca Produções Culturais, 2005.

TEUBENER, G. Os múltiplos corpos do rei: a autodestruição da hierarquia do direito. Tradução para o francês por N. Boucquey. INSTITUTO PIAGET. *Filosofia do direito e direito econômico*: que diálogo?: miscelâneas em honra de Gérard Farjat. Lisboa: Instituto Piaget, 1999.

THIEL, R. *E a luz se fez*: o romance da astronomia. Tradução de Marina Guaspari. 2. ed. São Paulo: Melhoramentos.

WACKS, R. *Philosophy of Law: a Very Short Introduction*. New York: Oxford University Press, 2006.

WEBER, M. *Economía y Sociedad:* esbozo de sociología comprensiva. 9. reimpresión. Ed. preparada por J. Winckelmann; nota preliminar de J. M. Echavarria. México: Fondo de Cultura Económica, 1992. (Sección de Obras de Sociología).

Esta obra foi composta em fonte Palatino Linotype,
corpo 10 e impressa em papel Offset 75g (miolo)
e Supremo 250g (capa) pela Edelbra Gráfica Ltda.
São Paulo/SP, maio de 2011..